ディズニー、三越、料亭で
学んだ、いつもうまくいく
20の習慣

「気がきく人」の習慣

上田比呂志
Hiroshi Ueda

アスコム

気が利《き》・く

① よく心がゆきとどくこと。「―・かないやつだ」
② いきである。しゃれている。「―・いたせりふ」「気の利いた服装」

『大辞林』より

序幕

うな重は奥から食べなさい

「人生はよろこばせごっこ」

――――やなせたかし

料亭、三越、ディズニーで学んだ「気づかい」の極意とは

私は、大正時代末期に祖母が立ち上げた、「橘家《たちばなや》」という料亭で生まれ育ちました。物心ついたときから家の手伝いをしていた私は、女将《おかみ》である祖母や母、出入りの芸者さんたちの**「一流の気づかい」**を間近で見てきました。

気づかいとは、日常における相手を思いやる心であり、おもてなしの基本でもあります。十分に満足した表情で店を後にするお客様を見るにつけ、自分もいつか、人を楽しませる仕事をしたいと思うようになったのです。

当時の夢は本場アメリカのディズニーランドで働くことでした。世界中の人々を幸せにしている場所には、どんな秘密があるのか。目の当たりにしながら働きたい。そんな思いを抱いていました。

しかし、当時は東京ディズニーランドもない時代。アメリカはまだまだ遠く、海外で働く方法、ましてやディズニー本社への就職活動の仕方など、まったくわかりません。

そんなとき、耳にしたのが百貨店である三越がディズニーと提携関係にあるという情報です。三越で働けば、いつの日か、ディズニーへ行けるかもしれない。

序幕

うな重は
奥から食べなさい

そんな思いで、私は大学を卒業すると三越に入社しました。

以来、日本橋本店、多摩センター店、グアム店など、さまざまな店舗での経験を経て、最終的には幼いころからの夢であったフロリダのディズニーに出向。三越と提携しているジャパンパビリオンでディズニーの本質を体感してきました。

料亭で「日本古来の和」の気づかいを、三越で「商人」の気づかいを、ディズニーで「洋」の気づかいを――。

それぞれの良さを知った私は今、気づかいやおもてなし、人材育成などをテーマに講演や執筆活動を行うことで、人を楽しませる仕事をさせていただいています。

本書では、数値にもできず、流派もなく、決まった型があるわけでもない「気づかい」の極意についてお伝えしていきます。

なぜ、気づかいが大切なのか。

そのヒントは、あなたや私が、心で感じる喜びの中にあります。

『アンパンマン』をこの世に送り出した漫画家のやなせたかしさんは、「人生はよろこばせごっこ」というすばらしい言葉を残しました。

人を喜ばせ、その姿を見て自分も喜ぶ。そのとき、お互いの間を結ぶのが、気づかいの心です。

とはいえ、いきなり「気づかいが心をつなぎ、喜びをもたらす」と言われても、ピンとこない人が多いことでしょう。そこでまずは、気づかいの本質が見えてくる、**3つのエピソード**をご紹介します。

それぞれの場面、それぞれの人物を想像しながら、もし、自分がその場に居合わせたら、何を感じるか。心の動きを思い浮かべながら読み進めていただければ、幸いです。

そうそう、この「序幕」につけた不思議なタイトル、「うな重は奥から食べなさい」の秘密もあきらかになりますので、お楽しみに。

エピソード1　三越特選売場のすごい接客

序幕

うな重は奥から食べなさい

ひとつ目は、三越日本橋本店特選売場での出来事です。

三越に入社した後、私が配属された特選売場は百貨店の中でも特別な場所でした。**1枚1万円もするスワトウのハンカチーフを、毎月10枚ずつまとめ買いされるようなお客様がいらっしゃる。**世界中の超一流店を回られているであろう、目の肥えたお客様たちが立ち寄る売場で、若い私は必死にサービスの質について考える日々を送っていました。

ここで求められる気づかいとは何か。

考えても答えへの道筋も見えない中で、印象的な出来事が起きました。

ある日、**私の祖母の友人たちがやってきたのです。**それもただのおばあさん方ではありません。四国の山間から、レンタカーのワゴン車を交代で運転して東京へやってきたバイタリティあふれるおばあさんたちです。

祖母が私を「ひろ坊」と呼んでいたので、大人になり、三越に勤め始めても、おばあさんたちにとっては、かわいい坊やのままだったのでしょう。社会人となった私の働く売場が見たいと言って、3人はにぎやかに特選売場へとやってきました。

しかし、服装からして売場の雰囲気から浮いています。失礼な話ですが、私は「恥ずかしいなぁ」と思いつつ、何事も起こらないことを願っていました。ところが、おばあさんたちはひとしきり売場を眺めると、私の尊敬する先輩社員の安達さんをつかまえて、難題を突き付けたのです。

「ちょっとあなた、私、あの棚を気に入ったから、くださいよ」

私は心の中で、ああ……と頭を抱えました。「あの棚」とは、売り物ではなく、時計を飾るための什器だったからです。

私は、別のお客様の接客中だったため、「おばあちゃん！　ここは家具売り場じゃないから、あれは什器。飾ってあるだけなの！」と駆け寄りたい気持ちをぐっとこらえて、ことの成り行きを気にしていると、安達さんはにこやかに、なんとこう応えたのです。

「お客様、お気に召していただけましたか」

普通なら、すぐに「これは売り物ではありません」とお断りするところです。しかし、

序幕

うな重は
奥から食べなさい

安達さんは「どこをお気に入りになられましたか?」などと一所懸命おばあさんの話を聴いた後、ようやく切り出しました。

「お客様、じつはこちらの家具、売り物ではございません。店頭の什器なのですが、私、作ったメーカーを知っておりますので、すぐに問い合わせてみます。同じものが発注できるかどうか確認してみますので、少々お待ちくださいませ」

私は、思わず息をのみました。この安達さんの見事な対応を目の当たりにし、自分のいたらなさに対して、恥ずかしい思いでいっぱいになりました。

これぞ、一流のサービスマンの気づかいなのだと気づかされたのです。

「三越を通してちょうだい」

しかも、この出来事にはまだ続きがあります。

その場で安達さんから什器の製作工場を紹介してもらっておばあさんは、満足そうにうなずきながら、まったく同じものをオーダーで作ってもらうようお願いしたのです。額にして100万円をゆうに超える買い物でした。

そのお値段にも驚きましたが、私が再び己の不明を恥じることとなったのは、おばあさんの次の言葉を聞いたときです。

「安達さん、ありがとうね。でも、私、これは工場から直接では買いません。三越の家具売場を通してちょうだいね」

四国からレンタカーで出てきた売場の雰囲気にそぐわないおばあさんもまた、一流の気づかいを示せる人でした。**売上は、自分のわがままを聞いてくれた素敵な店員さんのいる三越に……。**

安達さんもあっぱれですが、このおばあさんもまたあっぱれです。

私は、この祖母の友人を「田舎から出てきた野暮ったくて、図々しい人」と決めてかかっていました。

しかし、安達さんはそうではありませんでした。お客様を第一印象で判断するようなことはせず、ご要望をしっかりと受け止め、相手の一番喜ぶ道筋を示していく。安達さんの振る舞いは、まさに**商人のもてなし**でした。

エピソード2　うな重は奥から食べなさい

2つ目のエピソードは、あるベテラン料理編集者と食事に行ったときの出来事です。おいしいと評判の店に出かけ、うな重を注文しました。しばし待ち、運ばれてきたうな重の蓋を開けたときのあの匂い。香ばしく、見た目も美しく、私が「これぞ、和のもてなし……」とうっとりしながら箸を運んでいると、対面に座る編集者は不思議なところからうな重を食べ始めました。

うな重を食べるときは、右利きの人なら一般的に、お重の「左手前の角」あたりから崩して食べ始めます。

しかし、その人は、「左奥の角」から崩して食べていたのです。

その人から見ると「左奥の角」、**私のほうからその人のお重を見たときには、「右手前の角」**になります。

最初は、おや？　と思っただけでしたが、しばらく食べ続けていくうち、**彼のうな重がきれいな形をとどめたままであることに気がつきました。私から見ると、彼のお重の手前はブラインドになっているのです。**

思わず、「うな重はいつもそうやって食べるのですか？」と聞くと、彼はうなずきながらこう答えました。

「こうすると、崩していく過程が向かいに座った人から見えにくいでしょう」

私は驚き、さらに質問を続けました。

「たしかに。それがうな重の正式な食べ方なんですか？」

「正式かどうかはわかりませんが、私がこの業界に入ったとき、先輩の料理編集者からこう教わったんです。『**うな重は、自分から見てお重の遠い側から食べなさい。そうすれば崩した部分が相手に見えない。奥側を食べ終わったら、今度は手前に残っているうなぎとごはんを奥側に寄せて食べなさい。そうすれば、終始、相手に崩れた部分をお見せしない**

序幕

うな重は
奥から食べなさい

で済む』」

マナーだとか、正しい食べ方だとか、そんなことではありません。崩したところを見せないほうがきれいだから、という相手への気づかいなのです。

きれいに恥ずかしくなく食べる方法が「フォークやスプーンは外側から使う」というようなマナーだとするなら、彼の食べ方は、相手への気づかいであり、心配りです。

マナーは社会的に恥ずかしくないためのエチケットであり、公に出るときに身につけておかなければいけない嗜《たしな》みです。

一方、**気づかいは、相手が気づいていないような心の動きまでを感じ取り、先回りするもの。**

うな重を食べたいように食べたところで、誰も咎《とが》めません。

しかし、大事な人と同席するなら、崩れるさまを見せないというところまで気配りをしたい。

そんな利他の心が込められた気づかいなのです。

エピソード3　『情熱大陸』の「すし職人」

3つ目の気づかいのエピソードは、テレビ番組で紹介されていたすし職人のすばらしい仕事ぶりです。

ある日の夜、人気番組『情熱大陸』(毎日放送)に登場したのが、工藤順也さんでした。札幌市内から車で20分ほど行った札幌市真駒内。**決して立地がいいとは言えず、シャッター街となりつつある商店街で、ミシュランの星をとった寿司店を切り盛りする32歳のすし職人です**(現在は移転されたようです)。

店の名前は、「鮨一幸《すしのいっこう》」。私は1日の終わりに軽い気持ちでぼんやりとテレビを眺めていたはずが、気づくと工藤さんの仕事ぶりに惹き込まれてしまっていました。

番組の冒頭で紹介されたのは、こんなシーンです。

開店前の調理場で炭火をおこし、ガスマスクを取り出した工藤さんは厚岸産の牡蠣《かき》を札幌競馬場の藁《わら》で炙《あぶ》り始めます。玄関も勝手口も開け放った店内は、それでももくもくと上がる煙に包まれ、ひどい有様。そこまでして仕込んだのは、牡蠣のスモークです。

場面が変わり、カウンターにはたくさんのお客様の姿が。その中の女性客が先ほどの牡蠣のスモークを口にします。ひと噛《か》みした瞬間に浮かんだなんとも満足そうな笑顔が、工藤さんの職人としての実力をはっきりと示していました。

高級店でもない街の普通の寿司店の二代目として生まれた彼は、他所《よそ》に修行へ出た経験もなく、試行錯誤を繰り返す独特のやり方で他店では味わうことのできない**「おまかせ」**を作り出したのです。

番組は、「その味を求めて全国から客がやって来る」というナレーションとともに賑わう店内を映し出した後、職人の休日を追います。

とある休みの日、工藤さんが向かったのは離島の漁師のところでした。

すばらしいヒラメが水揚げされると聞き、半日近くを費やして漁師の元を訪れ、東京の築地に卸す前の逸品を手に入れます。

店に戻り、試食する工藤さん。新鮮なままでも十分にうまいヒラメのさらなる旨味を引き出そうと、熟成させることに決めます。

ところが、ほんのわずかな読み違いで求めていた熟成度にはならず、味が落ちてしまったのです。**このヒラメは付台から下され、お客様に出されることはありませんでした。**

その高いプロ意識に感心しながら、私が本当に驚かされたのは別の場面でした。**それは工藤さんが客席から自分の握った寿司を見て、「愕然とした」と語るシーンです。**

厳選した素材、細部まで心配りを施した仕込み、見た目の美しさも考えた丁寧な握り。文句のない職人技で仕上げていると思って提供していた寿司が、客席から見るとまったく違って見えたと言うのです。

たとえば、鯛の握り。ネタの白身に入ったほんのりとした赤み。それをどちらに向けるかについて、職人はこんなふうに反省していました。

「美しい色目が、自分のほうに向いていて、お客様の目線を考えていなかった」

本当にそれはわずかな角度の違いです。赤みがかった部分がどちらに向いていようと、味がすばらしいことには変わりません。それでも彼はこだわります。

なぜなら、そこに気づかいというものの本質があるからです。

工藤順也という職人は、32歳という年齢でその違いに気づいてしまった。私はテレビの前で、すごい人というのはまだまだたくさんいるのだなと舌を巻いていました。

3人のプロフェッショナルたちの共通点とは？

3人のプロフェッショナルに共通しているのは、**「相手の側に回り込んだときにどう見えるのか」**という視点を持っていることです。

什器を欲しがったおばあさん、うな重を対面で食べる相手、寿司屋のカウンターに座るお客様。**自分がこの人たちの側に回り込んだときに、世界はどう見えているのか、という想像力を持っているのです。**

あなたが洋服を買いに出かけたとしましょう。

百貨店のファッションフロアを歩いていると、目の合った店員から「いらっしゃいませ」という声が飛んできます。ちょっと手に取ってみたいシャツがあって、店内に入ると、すかさず**「このシャツは……」**と説明が始まり、品物を吟味する暇を与えてくれません。その声が面倒で、別の商品へ視線を動かすと、**「本日は何をお探しですか？」**と追いかけてきます。

お客様の気持ちに関係なくぐいぐい踏み込んでくるような接客に、気づかいはありません。おもてなしからもかけ離れています。

私たちは客として振る舞っているときには、こうした接客が間違っていることに気づきます。ところが、**仕事になったとたん、知らず知らずのうちに、相手がやられては嫌なことをしてしまうのです。**

なぜこうなってしまうかというと、視点が自分に（または自分の会社に）向いているからです。必死になって売上を上げなければいけない。上司の手前やらなければならない。冷静に考えると誰もが喜ばない、嫌だなと感じることを必死になってやってしまう。自分の都合だけで物事を考えてしまうことで、このような事態を招きます。

三越の特選売場の安達さんも、うな重を奥から食べる編集者も、すし職人の工藤さんも、自分の仕事をしっかりと極めながら、なおかつ**「もしも、自分が相手の立場だったらどう**

感じるか」という視点を片時も忘れません。

相手を喜ばせるために、自分の軸を持ちながらも、相手の側に立って物事を見つめること。そして、相手を喜ばせることができたときに、自分自身もはかりしれない満足感を得ることができます。そこに気づかいの本質があるのです。

迷い、悩んだときの答えは「気づかい」にある

3・11の大震災があったとき、世界は日本人の姿に驚愕しました。

コンビニで棚が倒れても、略奪が起きるわけでもなく、商品を棚に戻し、戻した商品から必要な分だけの品物を選び、レジに並んでいる。考えられない、と。

民族の本質が見える極限状況、あの末期的な状況下で日本人はお互いを思い合って、手を取って一緒に復興しようと歩み出しました。

なぜ、日本人はそんなことが普通にできるのか？

それは相手への気づかいの心が根付いているからです。

相手のことを慮《おもんぱか》る、思いやるという感覚。これが私たち一人ひとりの心に深く根付い

ていることは、日本人にとってかけがえのない宝です。

私もあなたも心の中に宝を持っている。そのことをもう一度思い出し、気づかいの心を磨き上げていくこと。それは、間違いなく、あなたの人生にとってプラスになります。

私たちは人生の中で何度も迷います。人から見れば順調に歩んでいるように見える人も壁にぶつかり、行き詰まる日があります。


人間関係がうまくいかない……。

商品が売れない……。

やりたいことが見つからない……。

目標が持てない……。


そんなとき、道標となるのは何でしょうか？

私は、気づかいによって周りの人を喜ばせることが、迷いから抜け出すきっかけを与えてくれると信じています。

相手の側に回り込んで、相手の喜びを探す。自分の側からしか見ていなかった景色を変えてみる。すると、それまで思ってもいなかった景色が見え、壁を越えるためのヒントが見つかるはずです。

迷いや悩みの解決策は、自分視点からは見つかりません。あなたが喜ばせたいほかの誰かの視点に立ってみることで、見つかるはずなのです。

しかし、これまでずっと自分の側の視点からしか世界を見てこなかった人にとっては、そのコツをつかむのがちょっと難しいかもしれません。

相手の側に回り込んで世界を見るためには、**「ちょっとしたコツ」**が必要です。

そこで、本書では私が出会った超一流の人と会社をご紹介しながら、時には私自身の経験を通して、相手の喜びを探すコツを紹介していきます。周りの人を幸せにすれば、その人たちに囲まれている自分も自然に幸せになれます。

人を喜ばせ、その姿を見て自分も喜ぶ。

やなせたかしさんが言うように、人生は「よろこばせごっこ」なのです。

上田比呂志

目次

第二幕

「三越」に学ぶ、気がきく人の習慣

しっかり身につけたい「気づかい七則」

第三幕

「ディズニー」に学ぶ、気がきく人の習慣

人を喜ばせる「仕組み」の作り方

第四幕

「気がきく人」実践編
もしも、あなたが○○だったら……

終幕

気がきく人は、心が潤っている

第一幕

「料亭」に学ぶ、気がきく人の習慣

～迎え、送るときに感動を与える～

「料亭だからといって、『これが最高の味です』と言って押し付けるのは間違いだと思います。店の都合ではなく、お客様においしいと感じていただける料理こそが、いい料理なのですから」

――徳岡邦夫（京都吉兆嵐山本店 総料理長）

花街として栄えた荒木町

私が生まれ育った東京の荒木町は、和の香り漂うおもてなしの街です。

元々、この一帯は江戸時代に美濃国高須藩藩主・松平摂津守の上屋敷があった場所。明治5年の廃藩置県《はいはんちけん》（明治政府が江戸幕府以来の藩を廃止して府県に統一したこと）によって、上屋敷のあった一帯は荒木町と改められ、摂津守の残した見事な庭園と、天然の滝が注ぎ込む「策《むち》の池」が人気となり、東京の景勝地となりました。

かつて、徳川家康が鷹狩りの際に馬の鞭の汚れを落としたとされる策の池の周りには、滝見のための茶屋ができ、料亭、芸妓置屋、待合の三業の許可が下りた三業地・花街として栄えていったのです。

私の祖母が大正末期に始めた「橘家《たちばなや》」は荒木町の老舗料亭でした。そんな祖母の跡を継いだ母は二代目女将《おかみ》として手腕を発揮し、橘家を大繁盛店へと育てます。

往時は財界人や政治家の方々が好んで通いつめ、時の総理大臣もいらっしゃる店でした。そんな実家で育った私は、自然と料亭の手伝いをするようになります。

第一幕

「料亭」に学ぶ、気がきく人の習慣

祖母から**「働かざる者食うべからず」**と教えられ、**「どんなに小さくてもいいから自分のできる範囲でお手伝いをしなさい」**としつけられました。

そこで、私が最初にお手伝いを始めたのが、お燗場です。

学校から帰ると1日お燗場に座り、大きな木のたらいにお湯を張り、とっくりを30本ほど並べます。

手で触り、いい加減だなと思ったら取り出して、芸者さんに渡すのが私の役目。

繰り返すうち、小学3年生で**「お客様が口をつけるときに適温になるよう、お運びの時間を考えて、ほんの少し熱めにつける」**といった気づかいも身につきました。こうしてちょうどいい人肌のお燗が作れるようになり、芸者さんからは**「人肌のひろちゃん」**と呼ばれていました。

そんな懐かしい時代に学んだ料亭での和の気づかいについては、この後、じっくりと述べていきますが、まずは不思議な縁で結ばれた漫画家のやなせたかしさんのお話を記していきたいと思います。

習慣
01

気がきく人は、
「他人」を喜ばせる

気がきかない人は、
「自分」を喜ばせる

やなせたかしさんと荒木町

『アンパンマン』で知られる漫画家のやなせたかしさんは、私にとって三越の大先輩であり、同じ荒木町で暮らしたご近所さんでもありました。

昭和22年（1947年）、28歳のときに上京されて、三越宣伝部のグラフィックデザイナーとなったやなせさん。三越での著名な仕事として、包装紙「華ひらく」（図案は猪熊弦一郎氏）に書かれた「mitsukoshi」のレタリングがあります。

当初はクリスマス期間限定予定だったデザインは、三越のシンボルとして今も使われています。

やなせさんが荒木町に居を構えたのは、昭和26年（1951年）。三越を退社され、漫画家として独立したばかりの時期だったそうです。

当時を振り返り、やなせさんは新聞にこんな文章を寄せています。

『僕の人生の出発点は、荒木町です。ここからすべてが始まりました。

1951年に45坪の家を建てました。荒木町に住んでいる、と言うと、みんなから「えー、粋なところにいるな」と言われました。住んでみてわかったのですが、ここは神楽坂のような三業地、一歩入れば、芸者さんが歩いていたのです。迷路のように入り組んだ路地を、よく犬を連れて歩いてました。向こうから、まだ編集者時代の吉行淳之介が「おー、やなせくん」と自転車でやってきたりね。

荒木町の家にはいろんな人がやってきました。ある時、ジーパンをはいた知らない男が大津の守坂をやってきて「永六輔です」と言う。「はぁ、何でしょう」と聞けば「今度、大阪で『見上げてごらん夜の星を』というミュージカルをやるので、舞台装置と美術を頼みたい」。やったことがないと断っても「僕が教える」とひかない。僕は永ちゃんについて大阪に行きました。評判が良かったようで、その後いくつも舞台装置の依頼が来ました。大阪の現場では後に「手のひらを太陽に」を作曲する、いずみたくと出会います』(朝日新聞　2011年3月8日)

高度成長期、橘家を含め、料亭、芸妓置屋、待合が最も賑わっていた往時の荒木町の雰囲気が伝わってきます。やなせさんは昨年、94歳でお亡くなりになりました。

しかし、荒木町とのご縁は途切れていません。

地下鉄の駅にほど近い場所にある『アンパンマンショップ』には、今も連日、多くのお客様の姿があります。

笑顔の途切れることのない店の前を歩くたび、私はやなせさんの著書『明日をひらく言葉』（ＰＨＰ文庫）の中で知った、この言葉を思い出します。

「人生はよろこばせごっこ」

なぜなら、これほど気づかいの根本を表現したフレーズはないからです。相手を慮《おもんぱか》り、気づかい、もてなし、喜んでいただくことで、自分も幸せを感じる。この言葉こそ、本書で語っていきたい心の成長を見事に表現しています。

まとめ

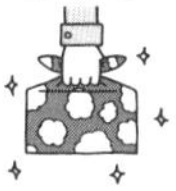

人を喜ばせることで、自分も喜ぶ。これが「気がきく人」の本質。

習慣
02

気がきく人は、
目の前の人を「一番大切な人」として接する

気がきかない人は、
目の前の人を「大勢のうちの一人」として接する

一番うれしいときって、どんなとき？

少し長くなりますが、「人生はよろこばせごっこ」に関する、やなせさんの文章を引用します。

『長い間、人生を生きてきたが、星の命に比べたら、百歳まで生きたって、瞬間に消え去って行くのと変わらない。

人間は、宇宙的に言えば、ごく短い間しか生きはしないのだ。

つかの間の人生なら、なるべく楽しく暮らした方がいい。

それでは、人は何が一番楽しいんだろう。

何が一番うれしいのだろう。

その答えが「よろこばせごっこ」だった。

母親が一生懸命に料理を作るのは「おいしい」とよろこんで食べる家族の顔を見るのが

うれしいからだ。
父親が汗をかいて仕事をするのは、家族のよろこびを支えるためだ。
美しく生まれた人は、その美しさで人をよろこばせることができる。
学問が得意な人は学問。
画を描ける人は画を描くことで。
歌える人は歌で。

人は、人がよろこんで笑う声を聞くのが一番うれしい。
だから、人がよろこび、笑い声を立ててくれる漫画を長く描いてきた。
自分が描いた漫画を読んで子どもたちがよろこんでくれる。
そのようすを見て、自分がうれしくなる。
こうして「よろこばせごっこ」ができることが本当に幸せだ。』

この文章を読むと、ついつい自問してしまいます。私は何をすれば人を喜ばせることができるのか。そして、思い出すのは祖母の教えです。

「ひろ坊、それが、おもてなしだよ」

私が「人肌のひろちゃん」と呼ばれる少し前のこと。気づかいやおもてなしの心がよくわからなかった私は、祖母に何をどうしたらもてなすということになるのかを聞いてみました。

「おもてなしって何？」

すると、祖母はこんなふうに教えてくれたのです。

「ひろ坊、おまえの好きな人って誰？」

「おばあちゃん」

「ひろ坊、おばあちゃんが来たら何してくれる？」

「おばあちゃん、おはぎが好きだから、おはぎを作ってあげる」

「ほかには何かしてくれる？」

「きれい好きだから、お掃除してあげる」

「ひろ坊、それが、おもてなしって言うんだよ。だからね、目の前にいるお客様を、自分

の一番大切な人だと思いなさい。そうしたら、頭で考えなくてもその人にこうしてあげたいと、心で感じることができるから」

このときの教えはそのままおもてなしの核として、私の体にしみついています。

自分が大切だと感じる人に対して、

「この人は何が好きなんだろう？」

「何をしたら喜んでくれるんだろう？」

と考え、実際に心と体を動かすこと。そうした結果、相手が喜んでくれたとき、私たちはうれしくなります。

これが、私の思う「よろこばせごっこ」です。

あなたは普段、何をして「よろこばせごっこ」をしていますか？

心を込めて接することで、商いはうまくいく

改めて、何をして「よろこばせごっこ」をしていますか？　と問いかけられると、思わ

ず身構えてしまうかもしれません。自分は何もできていないかも……と、不安になる人もいるでしょう。しかし、難しく考えないでください。

人を喜ばせるというのは、何か特別な仕掛けが必要なものではありません。

たとえば、荒木町にある私の行きつけの居酒屋のオヤジさんは、ご本人が自覚されているかどうかわかりませんが、「よろこばせごっこ」の達人です。

店の暖簾《のれん》をくぐった途端、オヤジさんはいつもニコニコとすばらしい笑顔で私を迎えてくれます。それはお店でだけでなく、近所を歩いているときも同様です。

こちらに気づくと、ニコッと笑って声をかけてくれます。

「ひろしちゃん！　いつも来てくれてありがとうね。ひろしちゃんたちが、うちで楽しそうにお酒を飲んでると、俺まで幸せになるから感謝しているよ」

私はこの言葉を聞くたびに、ほっこり温かな気持ちになり、幸せを感じます。それはオヤジさんが社交辞令ではなく、本気で言ってくれていることが伝わってくるからです。

オヤジさんにとって、お客様に感謝の気持ちを伝えるのは当たり前の習慣になっている。

だから、その言葉には〝軽快な重み〟があり、こちらの心を動かすのです。まず、身近なところから始めてみてください。

私は料亭で育ち、三越に入り、ディズニーにも渡りました。その中でも、とりわけ実家の料亭と荒木町で学んだのは、人を喜ばせるための**〝心の置き方〟**です。

それは宗教的なものではありません。なぜなら、料亭も、三越も、ディズニーも、お客様を喜ばせることで対価を得ているビジネスだからです。商売とまごころは並立する、と言えばいいでしょうか。

心を込めて接することで、商いはうまくいくのです。

たとえば、私の祖母は、橘家からお帰りになるお客様をかならず店の外に出てお見送りしていました。これは料亭や旅館など、女将のいる商いではめずらしいことではありません。しかし、それでもお客様に支持される店もあれば、廃れていく店もあります。

その違いは、案外、次のようなところにあるのかもしれません。

祖母は、お客様におじぎをするとき、こんな気持ちでいると言っていました。

「お客様をお見送りするときは、幸せなご縁を、永いご縁にしていく心でお見送りをするものですよ」

ご縁を得て、幸せをいただいたことに感謝し、またどなたかとご一緒に来てくださる永いご縁になるようにと思いを込め、挨拶しているというのです。

もちろん、その思いが相手に伝わるかどうかはわかりません。

それでも、お見送りをする側が一期一会を重んじ、ご縁を大切にするという姿勢を持っているかどうかによって、結果も変わってくる不思議。気持ちよく見送られたという感覚が、お客様にまた足を運びたいと思わせるのです。

これが心の置き方というものです。**あなたも明日から「おはよう」「さようなら」「お疲れさま」といった挨拶に、一層の心を込めてみましょう。**〝軽快な重み〟が相手に伝わるはずです。

まとめ

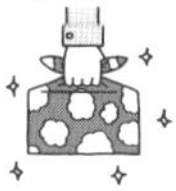

どうすれば目の前の人が喜んでくれるかをつねに考えることで、仕事もプライベートもうまくいく。言葉には、心を込めよう。

習慣
03

気がきく人は、
人を喜ばせる「仕組み」を作る

さらに気がきく人は、
相手によって「自由自在」に変化する

料亭の気づかいとディズニーのサービスの決定的な違い

料亭の気づかい、和の気づかいの基本にあるのは、**「しつらえる（場づくり）」**という考え方です。

「私たちはこんなサービスを提供しています」と最初から提示しているのが洋のサービスだとするなら、**和の気づかいはコミュニケーションの中から育まれるもの。何もないところから相手のニーズに合わせ、自在に変化させる、たおやかさがあるのです。**

私は本場アメリカのディズニーランドでも仕事をしました。

世界一のエンターテインメント空間は、すべてのゲストにハピネスを届けるため、**見事なまでの仕組みを作り上げています。**数多《あまた》あるアトラクションはもちろんのこと、キャスト一人ひとりがつねに水準以上の対応ができるよう短期間で育てていく教育プログラムなど、そのサービスを支える仕組みのすばらしさは第三幕で大いに語らせていただきます。

しかし、料亭で育ち、三越で学んだ私だからこそ、言えることがひとつあります。

それは、**和の気づかいだけはあのディズニーでも超えることができなかったということです。**

仕組みとしてお客様を喜ばせることの完成度においては、世界中どこよりも優れているディズニーランド。しかし、お客様の今この瞬間の思いを慮《おもんぱか》って、柔軟にしつらえを変えていくやわらかさはありません。

その点、和の気づかいは、お客様の気持ちを慮り、しつらえを変え、場を作っていくことができます。その象徴が、**「和室」**です。和室は、居間や寝室といった日常空間としてだけではなく、客間となれば来客をもてなし、仏間としては先祖をまつる場となってきました。畳があり、床の間があり、障子や襖《ふすま》があるだけの何もない空間です。

しかし、**何もないからこそ必要に応じてしつらえを変えることで、多目的に活用することができる。**料亭で言えば、何もない箱の状態から、お客様の考えを慮り、いかに作りあげていくか。これは茶道にしろ、華道にしろ、和のおもてなしを重んじるところでは皆、同じです。場の雰囲気を作っていくのが、和の気づかいの真髄。和室、茶室は箱。いかようにも変えられます。どうしつらえていくのかが、気づかいの心となるのです。

お客様が今日は静かに飲みたいなということなら、静かな環境を作り出し、今日はわーっと騒ぎたいと思ったらエンターテインメントの環境を作り出す。いかようにでもできる。これが、和のおもてなしのすごさです。

一方、ディズニーに代表される洋のサービスには、型があります。

ディズニーランドはいつもディズニーランドであって、にぎやかなアトラクション、笑顔のキャスト、きらびやかな装飾のパレードでゲストを出迎えます。

ですから、パーク内のしつらえががらっと変わるようなことはないのです。

料亭を代表とする和の世界は、その場、そのときの状況によってお客様の気持ちを汲み取り、気づかい、型を変えていくことができます。料亭では、お客様の会話に口を挟まないという心得もあります。お人払い（お客様だけの空間にすること）をしても、時には女《お》将《かみ》だけはその場に残り、お世話をしますが、**「見ざる言わざる聞かざる」**となるのが鉄則です。空気のような存在で身の回りに気を配る。やわらかくあらゆる要望を受け止め、「全部お合わせします」ともてなすのが和の気づかいの真骨頂なのです。

とはいえ、いきなり熟練の女将のようにしつらえていくのは難しいもの。まずは相手をよく見て、よく聴くことから始めてください。

まとめ

相手が何を望んでいるのかを事前に確認し、どんな場を提供すべきかを考えて実践してみよう。

習慣
04

気がきく人は、
お客様を迎えるときと、送るときに小さな気づかいで感動させる

気がきかない人は、
お客様を迎えるときと、送るときに普通に挨拶をする

「働く」とは、傍《はた》を楽にしてあげること

幸いにして、私は子どものころから間近で気づかいを教えてもらえる環境で育ちました。女将《おかみ》である祖母から教えてもらったことで、今も忘れられないのは次の言葉です。

「ひろ坊、働くとは、傍を楽にしてあげることだよ。傍というのは周り。周りの人っていうのはお父さん、お母さん、おばあちゃん、周りで働いている人。みんなを楽にしてあげることなんだよ。楽にできていなかったら、まだ働いていないんだよ」

当時、小学生の私が任されていたお手伝いは、お燗番に加えてもうひとつありました。それはお客様の靴を管理する**下足番**です。仕事の手順そのものは、じつに簡単。お客様が脱いだ靴を整理してしまっておき、帰るときに取り出して並べておく。それだけでした。

しかし、玄関先でお客様を迎え、送り出すという役割で傍を楽にするには、靴の出し入れだけでは足りません。祖母と母から教わったのはこんな気づかいでした。

たとえば、お客様が帰るとき、どのタイミングで靴を出して、揃えておくか。**あまり早**

く出し過ぎると、「帰れ」と言っているようでよろしくありません。そこで、座敷に果物が出たくらいで、下足を並べ始めるのです。

ちなみに、果物は女将から幹事の方への「そろそろ仕舞いです」というサイン。お客様も心得たもので、果物が出たら、座はお開きに向かっていきます。

靴を並べるときに重要なのは、主賓のお客様の靴です。かならず手前に並べます。なんでもないことのようですが、お客様の人数が多いときには靴が玄関に3列くらいになりますから、遠くに置いてしまったら大変です。お帰りになる順番は主賓の方からですから、**下足番も今夜の幹事がどのお客様を接待されているのかを知っておかなければいけません。**

下足にまつわる女将の気づかいはそれだけではありません。**靴にしみ込むような雨脚の日には、替えの靴下を用意していました。**来店されたお客様が靴を脱いだタイミングを見計らい、下足番である私がすっと新しい靴下を差し出すわけです。**お客様は、まさか新しい靴下が出てくるとは思っていませんから、驚き、喜んでくださいます。**

履き替えると足先がすっきりし、新たな気持ちでお座敷に進むことができます。いくらもしない靴下でお客様の心を動かし、また来ようという気持ちにさせる。女将の気づかいに子どもながら感心したのを覚えています。

宴席が続く間にお客様の靴を丁寧に磨いておくというのも、祖母から教わったことでした。帰るとき、靴がピカピカになっていると、これもまた気持ちのいいものです。

下足番の役割できちんと気づかいを行うことで、お客様にまた「橘家」を利用しようという気持ちになっていただくこと。それが当時の私にできる傍を楽にすることでした。

大切なことは、お客様を迎えるときと、送るときに、小さな気づかいを積み重ね、感動していただくことです。玄関に素敵な花を飾って迎えてもいい。お帰りのときには、お土産を差し上げたり、寒い日には使い捨てカイロをお渡ししたりする。料亭では火打ち石でお見送りをすることもあります。始まりと終わりの気づかいを大切にすることで、「また、あなたに会いたい」と思ってもらえるのです。

別れた後に、お礼のメールを送ると、さらに印象がアップ。お手紙を送れば、感動していただけることもあるでしょう。明日から、すぐに実践してみてください。

まとめ

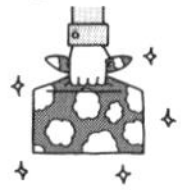

出会うとき、別れのときを大切にすると、あなたの印象がアップする。

習慣

05

気がきく人は、
「世辞」を言う

気がきかない人は、
「お世辞」を言う

「子育てしぐさ」に学ぶ和の気づかい

何もない空間を、お客様のニーズに合わせて、いかようにもしつらえを変える。なぜ、このような和の気づかいが現代に生きているのか。その背景には、私たち日本人が代々受け継いできた気づかいの習慣があります。

江戸時代には丁稚《でっち》を優秀な商人に育てるための「子育てしぐさ」というものがあったと伝わっています。

「三つ心《こころ》、六つ躾《しつけ》、九つ言葉《ことば》、十二文《ふみ》、十五理《ことわり》で末決まる」

最初の**「三つ心」とは、3歳までに心の豊かさを教えなさいということ。**

人間は生まれたときには心と体がつながっていないから、感性を磨いて心と体の糸をたくさんつないでいく。そうすると、3年で千本以上の糸ができ、その束は切れない。豊かな心に従った善い行い、感情豊かな表情のできる子が育つという考え方です。

「六つ躾」とは、6歳までに躾をしなさいということ。

「挨拶をしなさい」「席を譲りなさい」「お礼を言いなさい」と教え込み、実践させます。

「九つ言葉」とは、9歳までに世辞を言えるようにしなさいということ。

世辞とは今でいうお世辞とは意味が違い、たとえば「こんにちは。今日は暑いですね」と挨拶する言葉の後に「その後、お体の具合はいかがですか?」など、相手を慮《おもんぱか》る言葉をつけ加えることです。昔は9歳で丁稚奉公に出されるのが普通でしたから、挨拶と世辞は、身につけていて当然の所作でした。

「十二文」とは、12歳までに文章を書けるようにしなさいということ。

挨拶状、お礼状、お詫び状などに、それぞれ時候の挨拶を入れて、きちんと書けることが理想とされていました。

最後の**「十五理で末決まる」とは、15歳までに世の中のことわり、森羅万象を理解させなさい、それによって将来が決まるという考え方。**昔は15歳で元服。一人前の大人でしたから、最後の教えとして理を説き、子どもを独り立ちさせていたのです。

すでに大人になってしまった私たちにとって、「子育てしぐさ」は耳の痛い教えかもしれません。「十二文」など、私も実践できているかというとあやしいものです。

この5つのステップから学ぶことができるのは、**「心、躾、言葉、文、理」**という順番です。心を教える前には、躾をしてはいけない。言葉を詰め込むべきではない。

「三つ子の魂百まで」と言いますが、心にぶれない軸がなければ、どんなにすばらしいテクニックを身につけても小手先のものになってしまいます。

相手を気づかうことのできる人は、心の軸を持っているのです。

心の成長が見て取れる「世辞」とは

人のふりを見ていて、**心の軸の育ち具合がよく現れるのは、挨拶のときです。**先程の「子育てしぐさ」で言えば、「九つ言葉（世辞）」の部分に心の成長度合いが現れます。

天気が悪いときに来てくださったお客様に、「お足元の悪い中、ようこそお越しくださいました」と挨拶するのは、日常においても一般的です。

そこで、もうひと言、添えられるかどうか。

そのひと言が、世辞です。

たとえば、相手を玄関先に出迎え、こう言います。

「お濡れになりませんでしたか」
「お寒かったでしょう」

と、ちょっとした言葉を添えるだけで、場の空気が変わってきます。
天気だけでなく、相手がどのようなルートでここまでやってきたのかなども考慮に入れ、表情が険しければ、

「お疲れではございませんか」
「お茶をお入れしますので、まずはご一服くださいませ」

など、ぱっと状況を判断して、適切な声かけを行うこと。
これが世辞です。
お世辞ではなく、相手を慮る心を込めた、さりげない気づかいの言葉です。
冬場のお見送りのとき、来客の中には気をつかって上着を着ない人もいます。そこで、

「お寒いですからここでコートをお召しくださいませ」

「お足元に気をつけてお帰りください」

と、短い言葉をさらりと添えると、相手にほっこりとした余韻が残ります。

使い捨てカイロを用意しておいて、

「今日はとても寒いのでよろしかったらお使いになってください」

と渡すのもいいでしょう。

世辞を難しく考える必要はありません。自分がそうされたら、ほんわかした気持ちになること。それを言葉や行動で表せばいいのです。

まとめ

自分が言われたらうれしい言葉を、相手にさりげなく投げかけよう。

習慣 06

気がきく人は、
お客様が「どこに帰るか」を想像して、お土産を選ぶ

気がきかない人は、
お客様の「好み」に合わせて、お土産を選ぶ

「ありがとう」を探そう

気づかいの心をやしなうために、私が料亭で祖母や母から学び、三越やディズニー時代に実践していたのが、**「ありがとう探し」**です。

1週間に一度、自分が受けた「これはありがたかったな」「気持ちがよかったな」という気づかいや世辞を振り返り、メモにまとめていきます。

こうすることで、相手の気づかいやもてなし、優しさに気づくことができる。人の気づかいに気がつくようにならなければ、自分が相手を気づかうこともできません。

なぜ、自分は感激したのか。

うれしいと思ったのか。

意識していないと「楽しかった」「心地よかった」で終わってしまうひと時を気づかいのトレーニングととらえ、自分の心の動きをメモしておくのです。

メモにすることで、その瞬間、その場に適した言葉を学ぶこともできます。

そのうえで、「こういうときはこう言おう」と自分の中にストックを増やしていき、実際に使ってみることです。その結果、相手の表情がどう変わっていったのかを観察してください。

世辞によって起きた場の空気。化学変化。相手が喜んでくれたとき、自分がどう感じたか。この段階を自ら体験したことがなければ、相手の気持ちを慮《おもんぱか》ることの大切さはどれだけ人に習っても身につかないのです。

三越に入ったとき、「いらっしゃいませ」「少々お待ちくださいませ」などの「接客10大用語」を習いました。まず、基本を身につけることは大切です。

そのうえで、**心を込めて言葉を発することが大切です**。型どおりの挨拶になってしまってはいけません。相手の気持ちを想像せずに、決まりだからという理由で発せられた言葉は、世辞とはほど遠く、相手の心にしみ込んでいきません。

ましてや、お客様を見ずに発せられた「いらっしゃいませ」や面倒くさそうな気持ちが透けて見える「少々お待ちください」は、不思議なほど隠された本音がはっきりと伝わってしまいます。

心がそこにないとき、相手はすぐに気づいてしまうのです。

型ばかりのマナーは、気づかいではない

私は、講演の仕事にまつわる打ち合わせなどで、さまざまな企業のオフィスを訪れます。打ち合わせが終わり、席を立つと、企業の皆さんは私をエレベーターホールまで見送ってくださいます。しかし、**エレベーターの前で待つ間、微妙な沈黙となってしまうことがしばしばです。**

先方も軽い会話をしながら朗らかに送り出したいと考えているはず。しかし、「エレベーターホールまでお見送りするもの」というマナーが先に立っていると、適当な世辞が出てきません。

なかなかエレベーターが来ないな……、気まずいな……、早く来てくれたらいいのに……と。わずかな緊張をお互いが感じ取ってしまいます。

せっかく打ち合わせがうまくいっても、**見送られるときに気まずい余韻が漂っていたのでは、気持ちよく会社を後にすることができません。**

これなら、むしろ、見送られないほうがいい。気詰まりな沈黙によって気まずい気持ちにさせられるなら、机を立ったところで別れたほうが気楽です。型ばかりのマナーは、気

づかいではありません。

私たちは自分もそういう気詰まりな瞬間を体験しているのに、ついついマナーだからやるべきだと思い込んでしまう。**見送らなくてはいけないから見送るというのは、相手を気づかっていない自分本位な行いです。**

もし、あなたが寡黙でおしゃべりは得意でないのなら、「こちらで失礼します」と丁寧におじぎをして別れればいいと思います。マナーのマニュアルではエレベーターホールまで見送るのが正解だとしても、気づかいとしてはマナーを破ったほうがいいというケースはたくさんあります。

その違いを判断する基準は、**相手のために行っているかどうか。**大切なのは場のしつらえ方ですから、双方に緊張感が生まれてしまっては、気づかいとしては不合格なのです。

そのお土産、誰の手に届きますか？

見送りに関しては、料亭の女将《おかみ》である祖母と母から学んだことがいくつもあります。すでに述べてきた下足番としての心得やおじぎは永いご縁になることを願ってすることのほか、母からの教えで最も心に残っているのは、**「おみや」**についてです。

料亭のおみや。橘家では、「おこし」という和菓子をお土産にしていました。

これがお客様に大変、喜ばれていたのです。

私が母から教わったのは、

「お土産がどなたの手に届くのかを想像しなさい」

ということでした。**お土産を渡された方が、会社に戻るのであれば、小分けにできるものがいい。きっと会社の仲間と分けるからです。**誰が最終的にそれを楽しむのか、ということが大切なのです。

料亭からのお土産の場合、最終的にそれを受け取るのは、お客様の家族です。母は、

「お客様である男性がなかなか自分では買わないけれど、奥様が喜んでくださるものを」

「お子さんも楽しめるものを」

と考え、和菓子に行き着いたようです。

結果的に「おこし」は奥様やご家族に喜ばれ、

「また、今度、もらってきてくださいよ」

となって、お客様も料亭で遊びやすくなっていく。**お客様の視点に立ちながら、商いのプラスにもなる気のきいた、おみやだったのです。**

結婚式の引出物やお中元、お歳暮で使われることの増えている**カタログギフト**には、少し物足りなさを感じます。

一人ひとり、贈る相手のことを考えながら品物を選ぶ。そういうお付き合いの深さが少なくなってきたことで、訳のわからないものを贈るよりは相手に選んでいただこう、と。そんなところからカタログギフトが支持されているのでしょう。

しかし、**相手が「こんなものがあるの！」と驚くものを贈るのが、本当の贈り物です。**

「自分では気づいていない商品だったけれど、いただいたらすごくおいしい」「私の好みをここまで考えてくれて」「新しい発見だった」など、相手の想像を超える意外性が喜びを生み出すのです。

その点、カタログギフトでは、自分の好みの範疇からしか選べません。そこには気づき、発見もない。贈ってもらって初めて知ったという出あいがある品物は、単なる商品ではなく、思いを贈るということに通じます。

「この人は、私のことを思って手間をかけて、選んでくれたんだな」と。

これがお土産や贈り物での、おもてなし。「わざわざ私のことを考えて贈ってくれたのね」となったとき、物の価値は高まり、値段の問題ではなくなります。手間暇をかけて選んだ労力に対して、感謝してくださる。一番響くのは、いつも心なのです。

まとめ

自分が素直に「ありがとう」と言った瞬間をメモしておき、自分も実践してみる。お土産は、相手がどこに帰るかを想定して選ぶ。想像を超える一品を！

第二幕

「三越」に学ぶ、気がきく人の習慣

～しっかり身につけたい「気づかい七則」～

「お客様は千差万別　その違いを知りて　接客せよ」

――『三越小僧読本』

「気づかい」を身につければ、仕事もうまく回りだす

私が三越に入社したのは、昭和57年（1982年）のことです。当時の三越には、昭和の百貨店を支えた伝説の先輩たちがたくさんいました。20年、30年と現場でおもてなしを続けてきた大先輩たち。私は、お客様に対する気づかいのレベルの高さに触れながら、仕事というのは、ここまでやるのか！　と驚いたのを覚えています。

なかでも鮮烈だったのは、呉服売場にいらした男性社員の佐藤さん。すごい仕事ぶりで現場のスタッフから頼りにされていたプロフェッショナル。佐藤さんに会いに来店されるお客様は途切れず、呉服という、三越にとって極めて重要な商品を次々と売っていました。

なぜ、お客様は佐藤さんを指名するのか。そこには、こんな秘密がありました。

佐藤さんは数百人はいたはずのお得意様の好みはもちろん、**その方々の自宅の衣装だんすの何段目に何が入っているのかをすべて把握していたのです。**

だからこそ、「一昨年の春にお売りした反物があるから……」とイメージしながら、「こ

の春はこちらの模様はいかがですか？」とお勧めすることができるのでした。

それから、1階入口の車寄せにいたベテランの係員さん。50代の男性でしたが、何千人ものお客様の名前を覚えていて、車から降りるときに「○○様、ようこそお越しくださいました」と挨拶するのです。あれには衝撃を受けました。

そんなふうに出迎えられて、喜びを感じない人はいません。

そんな仕事ぶりを見てしまっては、こちらも下手なことはできません。ここまでやってこその三越なのだと痛感させられたものです。人間の能力の限界は果てしないとも感じました。また、便利な世の中に変化していく中でも、「きちんと手をかける」という心はけっして失ってはいけないと気づかされました。

特筆すべきは、**三越では、お客様への「気づかい」が、きちんと商売に結びついていたということです。**気づかいとは、たんに人を喜ばせるためのものではありません。**商売人にとって、仕事人にとって、とても大きな武器になるということです。**三越の先輩方は、まだ若かった私に、そのことを身をもって教えてくれました。

第二幕では、そんな三越の伝説の先輩たちに、超一流の気づかいを学んでいきます。

習慣
07

気がきく人は、
生涯、商品を取り置く

気がきかない人は、
規則にそって商品を取り置く

何億円も生み出した「脇田リスト」

三越に入社した私は、いきなり**「特選売場」**に配属されました。序幕でも書いたとおり、さまざまなお客様の来店する百貨店の中でも特別な売場です。立ち寄られるのは、世界中の超一流店を回られているであろう、目の肥えたお客様ばかり。そこで強い衝撃を受けたのは、脇田さんという大先輩の存在です。

一度は定年退職された嘱託社員で、年齢は70歳近い女性でした。最初は、こんなご年配の方が働いているのは、なじみのお客様がいるためだろう……という程度に考えていました。ところが、そんな思い込みがいかに底の浅いものかを、すぐに思い知ることになります。

特選売場には、**「脇田リスト」**と呼ばれるリストがありました。

そこに記載されているのは年間、何百万円、何千万円というお買い物をされる超ＶＩＰなお客様ばかり。脇田さんは一店員の立場で、何の役職もありません。しかし、持ち回りで若手が秘書役とサポート役を務める習わしとなっていました。

なぜなら、秘書役がいないと処理しきれないくらいの売上があったからです。

私も一度だけ、お中元の時期に脇田さんのサポート役に回ったことがあります。担当したのは、発送する商品に水引を付ける仕事でした。

ちなみに、水引は贈答品や封筒に付けられる飾り紐のことで、その形や色によりさまざまな使い分けがあります。**「結び切り」**という結び方は、固く結ばれ、解けないことを願い婚礼関係に、二度と繰り返さないようにとの願いを込めて弔事関係や傷病のお見舞・全快祝い、災害見舞いなどに用いられます。

お中元などで使われるのは、**「花結び」**。これは結び目が簡単に解け、何度も結び直せるとの意味から、何度も繰り返したいとの願いを込めて、婚礼以外の一般祝事、お礼、ご挨拶、記念行事などの贈答に用いるもの。結び方としては、いわゆる蝶結びで、実際にやってみると、なかなか手間がかかります。

ところが、私が付けた水引を見た脇田さんは、「誰?　これを付けたのは?」と眉をひそめたのです。しかし、見た目はきれいに結べているので、何が悪いのかわかりません。そんな私の表情を一瞥《いちべつ》すると、脇田さんはこう言いました。

「心が入っていない。心を込めて水引を作りなさい。やり直しです」

「伝説のお取り置き」とは

目の前にお客様がいないので、私たち若手は雑談を交わしながら水引を付けていました。見た目が整えばいいという気持ちの作業です。しかし、**脇田さんが求めていたのはお客様一人ひとりが、大切な人にお贈りする品物に対する敬意であり、気づかいでした。**脇田さんが叱ったのは、私の仕事への姿勢だったのです。

それがわかったのはずいぶん後になってからのことです。考えてみると、私の祖母が料亭からお帰りになるお客様に、心を込めておじぎをしていたのと同じことだったのです。**心がそこにあるのか。**そんなことを瞬く間に見抜いてしまう厳しい大先輩の存在が、どれだけ三越というブランドを支えていたことか。

脇田さんは挨拶やおじぎの型について何も言わない人でした。しかし、心が入っていない「いらっしゃいませ」「ありがとうございます」を耳にすると、すぐに叱ったものです。

中途半端な姿勢はすぐに見抜かれ、指摘される。こちらは適当にやっているつもりはなくとも、まだ甘いと言われてしまうのです。

この繰り返しの中で、こちらも自然と心が鍛えられていく。これは日本の職人の育て方と同じです。

見て盗め。
スキルは教えない。
心を磨きなさい。

先輩の背中を見ながら試行錯誤して、気づかいの真髄を学び取っていく。そんな教え方をされる方でした。

脇田さんにはほかの伝説もあります。脇田さんが嘱託社員として2度目の定年を迎えられたときのこと。**倉庫の中から東郷平八郎元帥のニュースを伝える、戦前の新聞紙に包まれた商品が出てきたのです。**それもひとつや2つではありません。

それらの商品は、なんとお客様が若き日の脇田さんに預けられた品だったのです。

当時、成人男性はいつ徴兵されてもおかしくない毎日を過ごしていました。そんな男性のお客様たちが、**帰ってきたときに受け取りたいと、願掛けのような意味合いで脇田さん**

に大切な品物を託していったのです。

脇田さんはご家族と連絡を取り合いながら商品を管理されていたわけですが、なかには音信の途絶えてしまう方もいます。それでも脇田さんは、

「いつか取りに戻られるかもしれない」

と商品を引き継ぎ、引き継ぎ、戦争を知らない世代である私たちが働き始めたときもまだ、倉庫にきちんと取り置かれていたのです。

色あせ、古ぼけた新聞に包まれた品物は、商いにおいて大切なことを無言のうちに伝えてくれました。**商人はただ商品を売るだけではない。お客様に真なる心（まごころ）を持って接すること。**大先輩の示してくださった姿勢によって、私たちは成長させてもらいました。人は人によって磨かれるのです。

今やっている仕事や作業に、心を込めているか、つねに自問せよ。

習慣

08

気がきく人は、
とにかく「聴く」

気がきかない人は、
とにかく「話す」

お客様が何を望んでいるか、どうやって見抜く？

三越の理念には、**「まごころの精神」**というものがあります。

私が三越で学んだのは、それをどうやって表現していくかというスキルでした。

ひとくちに「まごころの精神」と言っても、デパートである三越にはさまざまな売り場があり、そこにいらっしゃるお客様が望まれているものも異なります。

食品売場では、スピードと活気こそがまごころの精神の表現となり、逆に特選売場では穏やかに距離を保つことがまごころの精神となります。距離を保つというのは、商品を選んでいるお客様の時間を大切にして、邪魔をしないということです。

笑顔でさり気なくお客様を感じながら、店員を必要としているときだけ、静かに声をおかけする。同じ「まごころの精神」でも、人や場面によって求められるものは違うわけです。

もちろん、三越にも基本的な接客用語はあります。

「いらっしゃいませ」「大変お待たせいたしました」など、「接客10大用語」と呼ばれるものがあり、接遇マナーのマニュアルもあります。しかし、それらはあくまでも基本であって、どこに配属されるかで必要なスキルは変わってくるのです。

接客で一番大切なのは、**「お客様の立場に立って考えること」**です。「相手の立場に立て」とはよく言われる言葉ですが、お客様の求めているものを、自分なりに勝手に解釈してしまっていることが多いものです。

私は気づかいを**「心を持って正しきことを行うこと」**と定義づけています。**「心」とは、思いやり、おもてなしの心のことです。「正しきこと」とは、「相手にとって」正しいことであって、「自分にとって」ではありません。**

接客10大用語を暗記し、接遇マナーを覚えたとしても、慣れが生じてくると、物事を自分なりにいいような形にしてしまいがちです。

販売員はお相手をしようと一所懸命になっているつもりでも、お客様はそっとしておいてほしいかもしれません。

この気持ちの差を埋めるのは非常に難しいことです。黙っているお客様が、本当は何を望んでいらっしゃるのかを見抜くのは至難の技だからです。しかし、あるお客様とのやりとりから、私は見抜く術を見つけたのです。

背伸びをしても仕方がない

私は、特選売場であるお客様とこんなやりとりをしました。

アンティークの高級時計のフェアを行ったときのことです。私は年配の男性のお客様のお相手をすることになりました。

お客様はアンティークの懐中時計をお探しで、知識も豊富。少しお話ししただけで、コレクターであることが伝わってきました。

一方、私はと言えば、商品知識を深めようと勉強こそしていたものの、まだまだ経験の足りない若造です。

私は、背伸びをしても仕方がない、とすぐに腹をくくりました。

1点数十万円もする品物ばかりです。お客様が手に取った時計について、付け焼き刃の知識をお伝えしても意味がない。その価値や性能、希少度はお客様のほうがよくご存じだと考えて、身を委ねてしまおうと決めました。

お客様の話から勉強させていただく機会だととらえ、聴くことに徹したのです。


「さようでございますか」

「誠に申し訳ありません。勉強不足で」

「本当に、すばらしいものでございますね」


1時間以上、そうして聴いていたかと思います。最後にお客様はこう言いました。

「君、若いのにすばらしい接客をするね。君から買ってあげるよ」

何もしていません。ずっとお聴きしていただけです。

それが初めて自分が特選売場で販売した高級品でした。飾りの施された懐中時計で、73万円。**1時間以上、必死になってお客様のお話を聴いたことが、結果的におもてなしとなっていたのです。**

年配の男性のお客様がそうしてほしいと望まれている、と見抜いたわけではありません。相手の立場に立とうと意識的だったとも言えません。

ただ、背伸びをするくらいなら身の丈にあった向き合い方で、まごころの精神を発揮していこう、と考えただけでした。

大切なのは、話すことではなく、耳と目と心で「聴く」ことだったのです。

もしも、あなたに「折り合いが悪い」と感じる人がいたなら、ぜひ一度、聴くだけに徹したコミュニケーションをとってみましょう。

相手が語りたいだけ語りきった後、あなたとその人の間には新しい関係性が生じているかもしれません。

まとめ

語りかけるだけが気づかいではない。相手の言葉に耳をかたむけることそのものが、気づかいであり、おもてなしになる。

習慣 09

気がきく人は、
傘を「貸す」
気がきかない人は、
傘を「売る」

突然の雨に差し出した傘のお礼

マニュアルはマニュアルでしかなく、どんなに整備したとしても、お客様を気づかう心が育っていなければ、役立ちません。丸暗記でカバーできる範囲はわずかなもの。人対人の場面では、本当に相手を大切にしているかどうかは、すぐに見抜かれてしまうものです。

その点、三越は日々お客様との間にこんなやりとりがある場所でした。

ある夏のことです。突然の雨が降り、受付に年配のご婦人がやってきて、傘売り場の場所を聞きました。受付の女性社員は「あちらでございます」とご案内してから、あることに気づきます。

「あのお客様は、いつも来店してくださる。もしかして、ご近所にお住まいなのではないか……」

さらに、彼女は考えます。突然の雨と傘売り場。

「あのお客様は、高価な傘がほしいのではなく、突然の雨に間に合わせるだけの傘が必要なのではないか……」

と気づき、ご婦人の後を追った彼女は、

「お客様。間違っていたら失礼ですが、もしかしたら、今だけ傘がご入り用ですか？」

と聞きました。

「そうなのよ、近所に帰るだけなんだけど、突然、雨が降ってきて、しょうがないから傘を買おうと思って」

「そうでしたか。では、よろしかったら、これをお使いください」

そう言うと、**彼女は、自分の置き傘をご婦人に差し出したのです。**

お客様はすごく喜んでくださって、次の日、借りた傘だけではなく、地下の食品売場で彼女のために贈り物を買って、受付に見えたそうです。

「あなた、三越の社員でしょう。私が傘を買えば売上になったのに、私の気持ちを汲み取って、貸してくださった。あなたの気づかいが本当にうれしかったの。これからもずっと三越を利用するわね」

お客様の状況を想像し、傘を差し出した女性社員の気づかい。

それに対して、わざわざ食品売り場で彼女への贈り物を買って、三越にお金を落としてくださったお客様の気づかい。どちらもなんて素敵なのでしょうか。

こんなことが日常的に起きる場所。一流のお客様と一流の店員。

それが三越の三越たる所以《ゆえん》だったのです。

まとめ

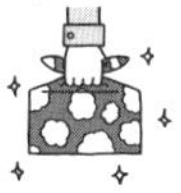

お客様が何を欲しているかを想像し、感じ取る。売ることだけを考えるのではなく、お客様のためになることが何かを考えれば、仕事もうまくいく。

習慣
10

気がきく人は、
怒った相手を味方にする

気がきかない人は、
怒った相手にただ謝る

怒った相手を味方にする方法とは

三越時代、多摩ニュータウンにオープンする「多摩センター店」の開店を手がけたことがあります。駅前にあった大型家電量販店が急に閉店し、空き店舗となってしまい、ここを急遽再生させたいという自治体からの依頼で動き出したプロジェクトでした。

1階と2階だけを三越にし、上階は大塚家具が入店するという、三越にとってもまったく新しい試み。私たちは、**〝コンビニエンス百貨店〟**というコンセプトを掲げ、毎日気軽に通える百貨店を目指しました。

そのためにはお客様の住む地域に根ざした店にならなくてはなりません。とはいえ、2フロアだけですから、人件費は多くはかけられず、社員はなるべく減らし、サービスの効率化を進めていきました。

しかし、地元のお客様からすれば、**「三越＝日本橋三越」**のイメージがあり、日本橋と変わらないサービスを求めます。この差を埋めていくのは大変でした。

通常ならば許されるレベルのサービスでも、三越のレベルを期待されているお客様にとっては物足りず、苦情になってしまうのです。

一例をあげれば、**開店時間の問題**がありました。

多摩センター店は11時開店。10時から11時は開けていてもほとんどお客様がいらっしゃらないというマーケティングの結果もあり、夜の営業時間を延ばす分、開店時間を遅くしたのです。これは人件費の問題による苦肉の選択でもありました。

しかし、百貨店は通常10時開店です。そのため、開いているものだと考えて、10時に来店されるお客様が少なからず、いらっしゃいました。

冬の寒い時期など、多摩センターは冷えます。外では待っていられません。

入れると思ってやってきたのに、ドアが閉まっている。当然、お客様も困ります。


「11時オープンなんて、親方日の丸みたいね！」

「こんな寒いのに、外で待たせるの！」


最初は、機嫌をそこねたお客様からこんなことを言われてしまいました。

そこで、私たちは、**10時から正面入り口の二重ドアの表のドアを開けて、空きスペース**

にストーブとイスを用意しました。さらに、そこには、社員がかならず常駐し、お客様とお話しすることにしました。

「開店時間が遅い分、閉店時間も遅くなっておりまして、皆様がお仕事を終えた後、多摩センターの駅に着かれてからお買い物ができるようにしています」

そんな事情を説明すると、最初は嫌味を言われていたお客様も「それなら、しょうがないわね」とわかってくださり、やがては社員と親しく接するようになってくださいました。

ストーブを用意して、1時間の間、立ってお客様をお待ちする。ウソをつかず、正直に理由を説明する。**「決まりですから」とルールで押し切ろうとしない**。ささやかな気づかいですが、誠意を持って対処することで相手の気持ちも変わっていくのです。

まとめ

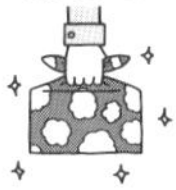

お客様に怒られたときは、ウソをつかず、正直に答える。「決まりですから」は、相手の怒りを助長してしまうので注意。

習慣

11

気がきく人は、
お客様を「子ども」のように扱う

気がきかない人は、
お客様を「神様」のように扱う

『三越小僧読本』

三越の歴史を遡ると、その前身は延宝元年創業の「三井越後屋」に行き当たります。延宝元年は1673年。今から341年前のこと。

その後、三井越後屋の創業者、三井高利が天和3年（1683年）、江戸の駿河町に店を移転させます。

そこで、従来の呉服店が行っていた訪問・掛け売りではなく、店先での**〝現金正札売り〟**という革新的な商法を導入。**現金で買う客は、武士であろうと町民であろうと正札の値段どおりに販売しました。**

しかも、必要な分だけの切り売りや即座の仕立てをし、気に入らなければ返品も可能としたのです。

また、このころの商売は自分たちの作ったものを売るのが基本でしたが、越後屋は京都など日本各地からさまざまな呉服物を仕入れて顧客に提供。

このときの瓦版に記した**「現金安売り掛け値なし」**のキャッチコピーは、今もよく知られています。

さらに斬新だったのは、雨の日は無料傘を貸し出すなど、**顧客満足を第一にしたこと**です。これは格式を重んじた大店とは一線を画する商売で、江戸の人々に大いに受け入れられました。

その結果、現在の価値で年商100億円の売上をあげ、店員である小僧は300人以上。規模からいっても世界最初の大型量販店となったのです。

こうした歴史から、社会学者のピーター・ドラッカーは1974年の著書『マネジメント』に「マーケティングの始祖は17世紀後半の三井越後屋に始まる」と記しています。

三井越後屋は三越呉服店となり、老舗の呉服店は明治期、近代化の中で「座売り」から「陳列販売」などへの革新を重ね、明治37年（1904年）に日本初の「百貨店」と言われる三越呉服店へと脱皮していったのです。

その際、越後屋時代から続く和の気づかいの接客精神を受け継いでいこうと作られたのが、**『三越小僧読本』**です。

編纂したのは、「接客には親切を尽くすことが何より大切である。口先ばかりの親切ではいけない。腹の底からでた、命がけの精神でなくてはならない」と語っていた当時の社長・日比翁助《ひびおうすけ》です。

小僧たち、つまり店員に配られた『三越小僧読本』には、商人道とそれを実践するための接客心得がまとめられています。

お客様は子どもの如し、小僧はそのお相手と思えば間違いなし

小僧読本は、日本の商人としての気づかいについて書かれたものです。

その一節を取り上げると、こんなことが書かれています。

『御客様は子供の如し。余念なく子供衆と見よ。
三越の小僧はその御相手と思えば間違いなし。
いかなる難題も柳に風と受け、笹に雪とこたえ、在店中はいかにも楽しく愉快に、観覧娯楽に身も心も堝化するまでに仕向けざるべからず。
入店の折は家庭に不幸、煩悶、憤怒、不機嫌等のありたるのも店を出ずる際には、「あゝ是で気持ちがさっぱりした。三越で遊んだので心の底まで愉快になった」と思はすに至れ

ば、三越の繁栄実に今日の比にあらざるべし。
これ小僧の心懸一つにて、御客様をかほど迄に思はしめ、延いて三越の盛大を至すとせば、三越の小僧たるもの、寸時も油断せず一々御客様の脈をとらぬまでに、親切、用意、慇懃、正直、機敏、あらゆる匙加減を用うべきなり』

お客様の楽しめる空間を作ることがおもてなし。

「御客様は子供の如し」で始まる心得は、そんな考えを伝えています。安らぎを感じ、心から楽しめる空間。小僧読本には、お客様の状況によっておもてなしの仕方は変わるという気づかいの真髄が書かれています。すなわち、第一幕でご紹介した料亭の精神が、百貨店である三越にも伝わっていたのです。

お客様を「神様」だととらえて、ただ言うことを聴くような姿勢ではいけません。お客様を「子ども」ととらえて、いかに遊んでいただき、喜んでいただけるかを考え抜かなければいけないのです。

しかし、時の流れの中で、きちんと継承すべき心の部分が軽視され、型ばかりになりつつあるのを感じます。今も三越日本橋本店では雨の日に傘の貸し出しを行っていますが、出入口に**「ご自由にお使いください」**と置いてあるだけです。

もちろん、それで用は足ります。けれども、どこかさみしい。このさみしさを感じ取り、お客様への気づかいへと変えていける人が減ってきたように感じています。

私は先輩たちから直接、教わることができました。ところが、言葉で語り、背中で伝えてくる方々がいなければ、江戸時代から受け継がれてきた商人の気づかいの心が途切れてしまうかもしれません。

そこで、料亭、三越、ディズニーを経て、私なりに考えた**「気づかい七則」**をご紹介したいと思います。

これは私が、すばらしい先輩方やお客様たちと接していく中で、感じ取ってきた気づかいの心得です。仕事でも、プライベートでも、人を喜ばせ、良好な関係を作りたい方は、一つひとつ、ぜひ実践してみてください。**気づかいの神髄は、「よろこばせごっこ」です。**

まとめ

相手の言うことを、ただ聴くのではいけない。どうすれば喜んでくれるかを想像してみよう。

「気づかい七則」

一　しつらえる
二　心を整える
三　技を磨く
四　笑顔で接する
五　耳をかたむける
六　想像を超える
七　始末をする

第二幕

「三越」に学ぶ、気がきく人の習慣

気づかい七則

一　しつらえる

先日、とある講演会がありました。会場はビルの8階。その日は朝から雪が降り、少々苦労しながら会場にたどり着くと、1階のエレベーターホールにこんなメッセージがありました。

「上田様、本日は雪の中、ようこそおいでくださってありがとうございます。恐れ入りますが、8階が受付になっていますので、お上がりください」

こんな出迎えをしてもらえるだけで、雪の中、ここまで来てよかったなと思うものです。そして、8階の受付でご挨拶を済ませ、控室に入ったら、お茶うけのお菓子の横に「講演の前に温かいお茶をどうぞ」という言葉が添えてありました。

こうした細やかな気づかいで、私たちの心にぽっと火が灯ります。これこそが、しつらえの大切さ。

〝しつらえる〟とは、**「準備を整える」「空間を演出する」**ということです。料亭は柳のようなやわらかさで毎回異なるしつらえで、おもてなしを提供していました。三越は四季の変化を感じさせる祭事のしつらえなどで、お客様が気持ちよく時を過ごせる空間を演出しています。そして、ディズニーはエンターテインメントという型で、しつらえを完全に仕組み化しました。

第一幕で、どんなしつらえにも対応する和室のすばらしさについて述べましたが、大切なことは**お客様をお迎えする**という気持ちです。

その気持ちを示すための準備をすること。それが空間をしつらえることであり、心をしつらえることであり、演出というしつらえを用意することでもあるのです。

私は子どものころ、料亭の手伝いとして毎日100畳近くの畳の拭き掃除をしていました。幼い体には負担が大きく、大した汚れもないのに毎日拭き上げることにも不満を感じたものです。

しかし、母は**「この場でお客様をお迎えして、私たちはごはんを食べているのだから、感謝するつもりで拭きなさい」**と言って1日も休ませてはくれませんでした。

今にして思えば、母は己を律することやお客様をお迎えするためのしつらえの心を伝えようとしてくれていたのでしょう。

気づかい七則
二　心を整える

心を整えるとは、**「自分自身を乱れなくお客様を受け入れられる状態にしておく」**ということです。

目を瞑《つぶ》って深く相手のことをイメージし、何が求められているかを感じてみる。多くの人は、「考える」ことには慣れていますが、「感じる」ことに慣れていません。感じ取る訓練をすることも心を整える方法のひとつです。

自分の状態はどうかを見直し、お客様をもてなすための準備をしていく。**心が整えば自然体の自分で、嫌味のない気づかいを行うことができます。**

では、嫌味のない気づかいとはどういうものでしょうか。

ある日の夜のことです。私はタクシーに乗りました。

夜の車内というのは暗いもので、いつも料金を支払うときには車内灯の下に身を乗り出して財布の小銭を確認しなければなりません。

ところが、その日、私が乗った個人タクシーは違いました。**目的地に到着し、車が停車すると、私の手元がパッと明るく照らされたのです。見ると、後部座席の上部に客の手元を照らすライトが付いていました。**

リラックスした姿勢のまま必要なお金を取り出し、料金を支払いながら運転手さんに「なぜ、ライトを?」と聞くと、**「見えにくいと感じられているお客様が多いかなと思いまして」**と微笑まれたのです。

些細なことですが、タクシーでそんな気づかいに出あえるとは予想外でした。**こちらの感じるであろう不便を想像して、その上をいく。**これは序幕で紹介したプロフェッショナルたちと同じ。「相手視点」に回ったとき、まったく違った風景が見える、という気づきを実践されているベテランの運転手さんでした。

三越の先輩たちも自然な気づかいのできる方がほとんどでした。なぜ、こうした振る舞いができるのかと言えば、それはお客様の喜びを敏感に感じ取っているからです。気づかいによって相手が笑顔になり、その笑顔を見て自分も幸せを感じる。この循環を知っている人は、心を整え、お客様を受け入れることができるようになるのです。

気づかい七則
三　技を磨く

私は三越で長い期間、販促企画の仕事に携わっていました。その際、つねに考えていたのは、

「人に喜んでもらうにはどんなことをすればいいか？」

ということです。この意識は気づかいの作法のようなもので、どんな仕事をするときにも応用がききました。

たとえば、忙しい上司に話しかけるときには**「3分だけお時間いただけますか？」**と時間を明確にしたり、人に資料を見せるときには**「ペラ1枚にまとめる」**ことで、相手が要点を早く理解できるように心がけます。

「相手視点」に立てば、場面に応じて自由自在な気づかいをすることができます。

三越で催事やセールでお客様の行列ができる場合には、先頭、中間、後方部のお客様に、社員がつねにお声をかける気づかいをしていました。誰でも待つことはイライラするもの。そこでお声がけをすることで、心をやわらげていただいたのです。

気づかいは、いつも人の心をやわらげるのです。

一方、この意識がなく、マナーとして型だけの気づかいを続けていると、大切なものが抜け落ちていきます。

たとえば、飲食店のトイレに貼り出されている**「いつもきれいに使ってくださってありがとうございます」**という標語。たしかに、最初は効果があったのだと思います。貼り紙を見た側も、自分の気づかいが感謝されているのだと感じて、さらに気を配ろうとする。そんな好循環もあったことでしょう。

しかし、店主の顔も見えないチェーン店のトイレにこの貼り紙があったとしても、これは型ばかりの空虚なメッセージとなってしまいます。感謝の気持ちなど伝わらず、きれいに使えという脅し文句でしかありません。

大切なのは「人に喜んでもらうにはどんなことをすればいいか?」という意識を持ち続け、その表現方法である技を磨いていくことです。

心を忘れた型だけのサービスは不自然で、人はマーケティングの匂いを感じた途端、一歩引いてしまうのです。

気づかい七則
四　笑顔で接する

笑顔で接することは、気づかいの基本です。
なぜなら、笑顔は相手に、

「私はあなたのことが好きです」
「あなたのおかげで私はとても楽しい」
「あなたにお目にかかれてうれしい」

というメッセージを伝えるからです。

私がある中学校で講演をさせていただいたときのこと。生徒の皆さんは「気づかい」や「おもてなし」というテーマにあまり興味はなく、壇上の私にも関心が持てないようでした。

こんなとき、私は笑顔でディズニーの話をするように心がけています。

隠れミッキーや隠れグーフィーといった話から始まり、ディズニーランドで働いている人しか知らないようなエピソードをいくつか話すうち、生徒の皆さんの気持ちが少しずつこちらに向き始めるのです。

その後、本来のテーマにそったお話をすると、先生方が不思議に思うくらい生徒の皆さんは集中して聴いてくれます。

もしも、私が生徒の皆さんの心を強引にこちらへ向けようとしていたら、こんな変化は起きません。心の扉は無理やり開けようとすると固く閉じてしまうものです。

相手から心をすっと開いてもらうためには、相手が興味ありそうなお話を、笑顔とともに披露することです。

すると、「この人は自分にとっておもしろい話をしてくれる人」と感じてもらえる。笑顔で接することを続けていれば、相手は自分で扉を開けて、こちらにやって来てくれるのです。

気づかい七則
五　耳をかたむける

三越の特選売場で働き始めたころ、私は自分の生活とはかけ離れた暮らしをしているであろうＶＩＰのお客様たちと接することに、不安を感じていました。私に務まるのだろうか、と。そんなとき先輩から教えられたのは、**「学ぶ姿勢を持つこと」**でした。

「とにかくお客様のお話に耳をかたむけなさい」

こちらが学ぶという姿勢を持ち、耳をかたむけていると、笑顔で接するのと同じように相手の心の扉が開いていきます。

当時の私は、「こいつはまだ若いからわからないだろうな」と思ったお客様にずいぶんとたくさんのことを教えていただきました。

背伸びして、知ったかぶりをしても、そんなウソはすぐにばれてしまいますから、こちらはよく聴くこと以外、何もできません。

すると、不思議なもので、**心を込めて耳をかたむけることが、お客様に対してのおもてなしになるのです。**


さらに、お客様からひとつ学んだら、すぐに自分なりに勉強して、次にお会いしたときに**「この前、こんなことをお聴きしたので、自分なりに調べてみますと……」**とお伝えするのです。

この気づかいが大切で、「この若造は、俺の話をちゃんと聞いて、自分でも学ぼうとしている、なかなかできたヤツだな」とますます絆を深めることができます。

これは年齢を重ね、若者に何かを伝える側になってみると、よくわかります。

自分の言ったことに耳をかたむけ、こちらのいないところで動き、学んでくれて、そこで得たものを返してくれる。こんなにうれしい気づかいはありません。なんて気がきく若者なのだろう、と感動します。

ちなみに、話の聴き方については心がけるべき**ポイントが3つ**あります。

1　承認の言葉を入れる

「なるほど」「そうですね」と相手の話を受け止めているというメッセージを伝えます。

2　質問を挟む

「こういった場合は、どうでしょうか?」など、話の流れを止めない範囲で問いかけると、こちらが深く聴いているということが伝わります。

3　相手の言葉を繰り返す

たとえば、時計に詳しいお客様と話していて、「この時計は、歯車一つひとつまで磨きが施されているのがいいんだよ」と言われたら、「なるほど。歯車の一つひとつが磨かれているからよろしいんですね」と繰り返します。すると、こちらがよく知らないことでも、「わかっているね」という雰囲気が生まれ、ますます詳しいお話を語ってくださるようになります。

ただし、これら3つのポイントをたんなる応答のテクニックとして使い始めた途端、相手の心の扉は閉まってしまうことでしょう。大切なのは、**「あなたのことを尊重しています」**という思い。気づかいとは、耳をかたむけ、心を見せていくことでもあるのです。

気づかい七則
六　想像を超える

相手の想像以上のことをすると、感動を呼びます。

私たちは、自分でも予期していない出来事に出あったとき、心を強く動かされます。言い換えれば、**こうであったらいいなと自覚している範囲はニーズです。そして、ニーズを満足させるのはサービス。**どんなにいいサービスを提供しても、想像を超えることはなかなかできません。

しかし、雨の日に料亭の玄関で靴下を差し上げるという気づかいは、想像以上のしつらえで、お客様の心を動かします。

相手も自分の欲求として自覚していないようなところに光を当てていき、目に見えない

郵便はがき

切手をお貼りください

105-0003

(受取人)

東京都港区西新橋 2-23-1
3 東洋海事ビル
(株)アスコム

「気がきく人」の習慣

読者　係

本書をお買いあげ頂き、誠にありがとうございました。お手数ですが、今後の出版の参考のため各項目にご記入のうえ、弊社までご返送ください。

お名前	男・女	才
ご住所　〒		
Tel	E-mail	
今後、著者や新刊に関する情報、新企画へのアンケート、セミナーのご案内などを郵送または eメールにて送付させていただいてもよろしいでしょうか？ □はい　□いいえ		

返送いただいた方の中から**抽選で5名**の方に
図書カード5000円分をプレゼントさせていただきます。

当選の発表はプレゼント商品の発送をもって代えさせていただきます。
※ご記入いただいた個人情報はプレゼントの発送以外に利用することはありません。
※本書へのご意見・ご感想に関しては、本書の広告などに文面を掲載させていただく場合がございます。

●本書へのご意見・ご感想をお聞かせください。

ご協力ありがとうございました。

ニーズをつかみとっていく。**「疲れたな」と感じたとき、そこにイスがあればうれしい。だから、相手の先回りをして、イスを置いて差し上げるのです。**これこそが、気づかいです。

三越は1683年に世界のどこよりも早く**「現金安売り掛け値なし」**というキャッチコピーを掲げました。現在では当たり前になっている正札販売を世界で初めて実現し、当時富裕層だけのものだった呉服を、広く一般市民のものにしたのです。

そして、百貨店は文化を発信し、お客様に物を通して遊んでもらう娯楽の場として発展していきました。私はディズニーで学んでいる間、ディズニーランドが実践している想像を超えたエンターテインメントの数々は、三越にも取り入れることができると思ったものです。

ディズニーのイマジニアのような発想で企画を立て、実現すればきっとお客様は喜んでくださる。三越に戻った後、そう考えていくつもの販売促進の企画を進めていきました。

そのうちのひとつが、**「傘の1万本フェア」**です。

これは売場の隅に追いやられている傘にスポットを当てたイベントでした。

発端は「傘でおしゃれをしたいと思っている人は多いのではないか」というアイデアで

す。特に、通常の売場には、男性用の傘といえば、地味な色しかありません。マーケティングしてみると、お客様は傘を1人当たり4本くらい持っているという調査結果が出ました。ビニール傘、折りたたみ傘も含め、家族4人なら一家に16本の傘がある計算です。

そこで、私は社内を説得し、三越日本橋本店の中央ホールを押さえました。中央ホールは、5階まで吹き抜けで、400平方メートルの広さのある三越の顔です。

そこに普段は脇役の傘を主役に据えて、1万本。梅雨の時期に大々的なフェアを行ったのです。

今まで誰も傘にスポットを当てていなかったので、売上の正確な予想も立たなかったのですが、結果的には**1週間で2400万円の売上となりました。**

また、新聞やニュース番組の取材も入り、広報効果も大きなものに。もちろん、お客様にも喜んでいただきました。想像を超えた本数を、中央ホールという予想外の舞台で展開したことが成功の理由でした。

三越の多摩センター店のオープニングイベントでは、よくある「福袋」を販売したのではお客様を驚かせることはできないと考え、「多摩手箱」と名付けて販売をしました。当時ではめずらしいゆるキャラの猫・タマちゃんを掛け軸にしました。

これが、大ヒットしました。

地元のお客様は、想像を超えた仕掛けに大喜びでした。

多くの人が仕事となると、「前年比」という言葉に縛られてしまいがちです。上司の目や査定を気にして、前例があるか？　前と比べてどうか？　という発想から離れられずにいます。

しかし、人の心を動かすのは想像を超えた出来事です。前例や前年比に縛られるのは、あくまでもこちらの事情。**相手の立場に立って初めて、どうすれば想像を超えることができるかが、見えてくるのです。**

気づかい七則

七　始末をする

始末をするとは、**次へとつながるお見送りをし、尽きない名残りとすること**です。

たとえば、三越には**「御用聞き」**という仕組みがありました。百貨店の商いはどうしても一期一会で、不特定多数のお客様がいらっしゃいますから、尽きない名残りとなるようなお見送りは難しいものです。

しかし、三越には元々、お客様に対して担当の社員が付く**「お帳場制度」**がありました。お中元、お歳暮の時期になると、御用聞きがご自宅にうかがい、注文を承ってくるというもの。私たちは、この仕組みをさらに一歩進めて、普段からもっと深くアプローチし、おもてなしをするような窓口作りを始めました。

御用聞きの真髄は、できるだけお客様の希望を叶えて差し上げることです。

三越はご年配のお客様が非常に多いので、ご家庭に行って「電球が切れちゃった」という話になれば、お手伝いしながらお取り替えをする。こうした一つひとつの振る舞いが、**「始末」**となって、お客様とのつながりを深めていくのです。

それは言葉で伝えるよりも態度によって示していくもの。電球を取り替えた日に何もなかったとしても、お客様は忘れません。何かご入用になったときには、三越を思い出してくださる。それが始末をするということです。

時計の修理を通して、素敵な出会いがありました。

売場にいらっしゃったのは快活な印象のご年配の女性で、持ち込まれたのは外国製の精巧な逸品でした。私は時計の知識が乏しかったので、ここでもお客様のお話を聴くことに徹していました。

すると、お話の中でお客様のご自宅と、私の自宅がとても近いことがわかったのです。

後日、時計の修理ができあがってきました。

通常は、こちらからお電話し、「ご来店なさいますか？　お送りさせていただきますか？」と選んでいただくことになります。

そのお客様は「取りに行くのは大変だから、送ってください」と言いました。普通は貴重品扱いでお送りするのですが、**ご自宅が近いというお話を覚えていたので、私は仕事の帰りにお届けさせていただくことにしました。**

住所を頼りにお宅までお届けすると、お客様は「わざわざ届けてくださったの。ご丁寧にありがとうございます」と言って、私を家にあげてくれました。玄関から居間に続く廊下には、世界各国を回って歩いた写真がたくさん飾られていました。

なかには、そのお客様がスキューバダイビングで、海に潜っている写真までありました。私もスキューバダイビングをやっていたので、「とても活動的な方だなあ」と驚いて、時計のお届けもそこそこに共通の趣味のお話で盛り上がりました。

後から知ったのですが、**じつはその方、医師で作家の北杜夫さんのお母様だったのです。**『どくとるマンボウ』のお母様の斎藤輝子さん。輝子さんは世界中をダイビングして回っていて、その様子を北杜夫さんも書いている。まさにご本人でした。

そんな出会いから、何度か特選売場にお買い物に来てくださいました。これもまた、**お届けしようという、ほんの小さな気づかいからつながったご縁でした。**

また、「始末」については、こんなエピソードもあります。

私がまだ小さかったころ、橘《たちばな》家《や》のお客様と芸者衆と女将《おかみ》とで、酉《とり》の市に出かけました。縁起物の熊手を、お客様である旦那衆が買い、女将に贈るのがひとつのイベントになっていたのです。

酉の市で賑わう神社の境内に、旦那衆とともに着物姿の芸者衆が入っていくわけですから、多くの人の注目を集めます。

熊手屋の前に来ると、芸者さんが値引き交渉を始めます。これは旦那衆への気づかいで、高いお金を払わせるのは申し訳ないからと、できる限りの値引きをしてもらいます。

芸者さんが「まだまだ」と言いながら、女将がはやして、熊手屋さんが「持ってけ泥棒！」と折れる。

芝居のような流れで事が進み、旦那衆がお金を払います。しかし、ここで女将の始末が発揮されます。

熊手屋さんに「ご祝儀に」と、値切った分のお金を渡すのです。

旦那衆は気持ちよく熊手を買うことができ、熊手屋さんも損はなく、見物していた皆さんも楽しめる。粋な気づかいで、誰もがまた来年もと思えるわけです。

習慣
12

気がきく人は、
お客様の名前を覚える

気がきかない人は、
お客様の顔すら忘れる

第二幕

「三越」に学ぶ、
気がきく人の習慣

名前を呼べば、笑顔になる

私が「気づかい七則」の重要性を実感したのは、三越に入社して15年目のこと。その年、私はグアム三越へ支配人としての異動の話を受けました。三越の海外支店はそれぞれ独立した会社になっているため、異動とはいえ、そのポストは実質的に**グアム三越の社長**。責任は重大です。

しかし、私はそれまで店舗マネージャーの経験どころか、部下らしい部下を持ったことさえありませんでした。そんな自分が海外で、支配人として、外国人のスタッフを部下に仕事を進めていく。店舗はティファニーブティックのみの小さなものでしたが、強いプレッシャーを感じました。

しかも、私に課せられたミッションは、支配人として売上の落ちているグアム三越の経営を立て直すというものだったのです。

経営に問題が生じているということは、売れない理由があるわけで、店を立て直すうえで絶対に欠かせないのは、スタッフの力です。

そこで、私は**「仲間を大切にする」**という信念を胸にグアムへ赴任しました。

ところが、実際に現地入りしてみると、店は想像以上にひどい状態でした。

スタッフの気持ちはバラバラ、社員同士のコミュニケーションもまったくうまくいっておらず、険悪なムードが漂っています。

売り場でお客様と接する女性スタッフに現状を聞くインタビューをしていくと、飛び出すのはほかの人の悪口ばかり。

しかも、店頭での接客はだらだらとやる気のないもので、とても三越のレベルには達していません。

お客様もリゾート地ということで最初から期待値が低いのか、クレーム続発というほどではないものの、決してご満足いただけているとは思えませんでした。


そこで、最初に取り組んだのが、**店の雰囲気をしつらえること**です。

私は1日2時間、かならず店頭に立ち、お客様の把握とスタッフへの声掛けを開始しました。スタッフがいったい何を考えているのか、自分の目で確かめたかったのです。

そのうえで、働くモチベーションを上げるための施策として、**「お客様に名前を書いて**

もらって、それを覚えよう」というゲームを始めました。それまでは、名前どころか、顔すら覚えていませんでした。

お客様の名前を呼んで、お客様に喜んでもらう。**スタッフは自分の働きかけによってお客様が笑顔になることで、接客の楽しさを知ることができます。**その効果は徐々に出て、沈滞していた店の雰囲気が少しずつ明るくなっていきました。

あなたは周囲の人たちのご家族の名前、お子様の名前をご存じですか？　たとえば、取引先を訪れて、「お子様はお元気ですか？」と聞くのではなく、**「○○ちゃんはお元気ですか？」**と聞くだけで、互いの距離は半歩近づきます。

まとめ

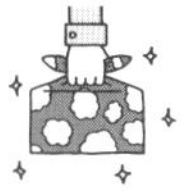

相手の名前を覚え、笑顔で、呼びかけよう。相手は、名前を呼ばれることで、あなたの話に耳をかたむけるようになる。

習慣
13

気がきく人は、
相手の良いところを探す

気がきかない人は、
相手の悪いところを探す

「気づかい七則」おみくじ

気づかいには7つの種類があります。本書ではこれを「気づかい七則」（P98参照）としてご紹介しました。このおみくじは、その中でも特にあなたの人生を豊かにする気づかいがわかります。
さて、その気づかいとは？

答えは、裏面をどうぞ!

「気づかい七則」おみくじ

あなたの人生を豊かにする
気づかいは、

㊁
心を整える

〝心を整える〟とは「自分自身を乱れなくお客様を受け入れられる状態にしておく」こと（P101参照）。あなたにとって、大切なお客様は誰ですか？

グアムを襲った悲劇

次に取り組んだのは、心を整えることです。

グアム三越の職場では、チョモロ人、アメリカ人、フィリピン人、そして日本人が働いていました。今で言うダイバーシティのお手本とも言える環境です。彼らは言葉も違い、考え方も異なります。

それでも私は、「私たちは何によって給料をもらっているかを考えて、一緒にがんばっていかなければいけない」という話を繰り返し伝えました。

これは**「お客様をもてなすことが、私たちの喜びなのだ」**というメッセージでもありました。

さらに、同時に進めたのが、**従業員同士のコミュニケーションの量を増やす、**ということです。

スタッフ同士で2人1組のペア（海の国なので、スキューバダイビングのペアを表現する「バディ」と呼んでいました）を作ってもらい、1人はお客様のお相手をして、もう1人は品物を包み、入金するといったサポートに回るなど、実作業を分担。

つねに「サンキュー」と感謝の言葉をかけ合い、互いの良いところを見るように指導しました。

そして、毎月スタッフの誕生パーティーを開き、その際、**全員で誕生月のスタッフの良いところをカードに書き、プレゼントするようにしたのです。**

悪口を言っていた同士でも、改めて「良いところを書きなさい」と言われると、何があるかな？　と違う視点から相手のことを見つめていきます。

これは、後述するディズニーで学んだ「スピリット・アワード」（P153参照）を作法とし、自分なりに磨き上げた手法でした。

こうした施策の結果、少しずつスタッフ同士が交わす笑顔も増えていき、連携や仲間意識も高まっていったのです。

すると、売上も徐々に上がっていきました。スタッフがお互いの言葉に耳をかたむけるようになったのを見て、**彼女たちは気づかいができないのではなく、やり方を知らなかっただけなのだ**、と気づきました。

まず体験させ、心に感じさせ、その過程でロジックの説明をする必要があったのです。

しかし、店が安定してきたところで、思わぬ事態が起きます。超大型の台風がグアムを襲い、従業員の家も吹き飛ばされ、観光客は激減。店も営業できず、経営的にも追い込まれていったのです。

スタッフの解雇も選択肢のひとつとして浮上しましたが、私の理念に反することで、それだけはしたくありませんでした。スタッフのほとんどが現地採用ですから、被災した上に解雇されれば、生活が立ち行かなくなってしまいます。

そこで、私は彼女たちに**「ワークシェアリング」**を提案しました。

個々の働く時間を減らして、人件費を圧縮。その代わり、誰も解雇しないという施策です。いわゆるアメリカ人的な感覚からすれば、誰かのために自分が我慢するのは嫌だ、という意見が出てもおかしくありません。

ところが、彼女たちはこの提案を笑顔で了承してくれたのです。これは私の想像を超える出来事でした。

こちらの思っていた以上にスタッフ同士の関係は深まっていたのです。彼女たちの成長を見て、私はグアムに来てよかったと心から思いました。

人の役に立てたとき、喜びを感じる

人間は、人の役に立てたときに喜びを感じ、「生きていてよかった」と素直に思うものです。これは、自分の存在が認められた証でもあります。

私は、三越の特選売場にいたとき、接客したお客様から、

「いい買い物ができた。あなたから買えてよかった」

と言われると幸せを感じました。グアム三越で出会ったスタッフの女性たちも同じような感動を経験したことで、お客様への応対も変わっていきました。人は、ロジックではなく、自らの体験を通して学んでいくのです。

今度は彼女たちの思いに報いるために、私が**「始末」**をする番でした。

ティファニー本社と交渉し、仕入れ代金の支払いを一時的に待ってもらいました。

現地の状況が戻り、お客様も増え、グアム三越のティファニーブティックは危機を乗り

越えました。

ところが、同時期に大量解雇を行った他のブランドショップは店が荒れ、観光客が戻ってきてからもかなりの苦戦を強いられたそうです。

グアム三越では、それまでの積み重ねによって、喜びも苦しみもともに分かち合うチームになることができていました。そのことは三越時代に特に印象に残っているうれしい出来事です。

人は、理屈では変わりませんが、自らの心が動いた経験を通して、考え方はもちろん行動まで変わっていく。

気づかいの心は、文化や言葉が違う多様性の中でも、通用したのです。

まとめ

チームや組織では、互いに褒め合う仕組みを作る。悪口を言っていた同士でも、褒める仕組みがあれば、「何があるかな?」と違う視点から相手のことを見直すことができる。他人の気づかいに気づき、それを自分も取り入れる習慣が身につけば、チームは活性化する。

第三幕

「ディズニー」に学ぶ、気がきく人の習慣

～人を喜ばせる「仕組み」の作り方～

「与えることは最高の喜びなのだ。他人に喜びを運ぶ人は、
それによって自分自身の喜びと満足を得る」

——ウォルト・ディズニー

習慣 14

気がきく人は、**ストーリーを売る**

気がきかない人は、**モノを売る**

「決して物を売ろうとしないでください」

第一幕で、**「和室は箱である。だから、しつらえを柔軟に変えることができる」**と書きました。これが和の気づかいの根本を示しているとすると、洋のもてなしの基盤には**「仕組み」**があります。

和の気づかいは、相手に合わせて自在に変化させるものであり、一方、**洋の気づかいは、すばらしい仕組みを作り上げて、相手を満足させるものです。**

そして、**この「仕組み」を徹底的に磨き上げているのが、ディズニーランドです。**

私は講演の際、「料亭や三越で自在な気づかいを、ディズニーでは仕組みを学びました」とお話しししています。

本幕の最初にディズニーランドの優れた仕組みをひとつご紹介しましょう。

第一幕で料亭のおみやの話を書きました。女将《おかみ》は、お土産を最終的に誰が受け取るのかを想像しながら、品物を選び、お客様にお渡しする。これはまさに和の気づかいです。品物選びに決まった型はなく、状況に応じて気のきいたお土産を用意していきます。

では、ディズニーランドではどうでしょう。ディズニーではお土産は渡すのではなく、販売しています。じつは、そこに仕掛けがあるのです。

まずはデータから見てみましょう。東京ディズニーリゾートの決算書を見てみると、来場者1人当たりの売上高（2011年度）のうち、**年間パスポートを含めたチケット料金の占める割合は約42%**です。

これに対して**物販収入は約37%、飲食収入が約21%**。物販と飲食で6割近い売上を占めており、とりわけ物販の売り上げの高さこそが、東京ディズニーリゾートの収益力の大きな柱となっていることがわかります。

チケット収入を増やそうと思えば、本来、年間パスポートなどの「値引きチケット」は販売しないほうがいいわけです。

にもかかわらず、ディズニーが年間パスポートを積極的に販売するのは、**頻繁に来園してもらうことで、物販と飲食の収入を増やせるからです**。

ゲストはパークに入った以上、何かを買うし、何かを食べるのです。もちろん、6400円ほどの1デーパスポートの売上は重要ですが、それ以上に物販や飲食で安定した収益を上げていく。これが東京ディズニーリゾートの戦略。

単純に考えると、パーク内で、ゲスト一人ひとりが入場料以上のお金をお土産なり飲食によって消費しているわけです。

ところが、アメリカのディズニーの研修では、こう指導されます。

「決して物を売ろうとしないでください」

では、ディズニーは物販店舗で何を売ろうとしているのでしょうか。

答えは、**「ストーリー」**です。

アトラクションの出口付近に商品を並べる理由

あなたがディズニーランドを訪れたときのことを思い出してみてください。

パーク内のアトラクションから出てくると、そのアトラクションに関連した商品がすぐ手を出せる場所に陳列されていたのを覚えていませんか？　「プーさんのハニーハント」であればプーさんが、「トイ・ストーリー・マニア！」であれば、トイ・ストーリーのキャラクターたちが、アトラクションを出てすぐ目の前に並んでいます。**ゲストがアトラクションで体験したわくわく感。その物語の感動が消えないうちに、商品との出あいを演出する。これがポイントなのです。**

普通の遊園地とディズニーランドが決定的に違うところは、**ディズニーは、小さいお子様からお年寄りまで、家族全員でアトラクションを楽しめるところ**。普通の遊園地では乗り物に乗るのはお子様で、親御さんは下から見ている場合がほとんどです。

しかし、ディズニーは家族全員で乗れる工夫をし、仕組みに磨きをかけています。アトラクションで同じ体験をしながら、会話をし、ストーリーを共有する。そして、「楽しかったね」と話しながらアトラクションの外へ出てくるわけです。

すると目の前に、たった今、楽しんだアトラクションの関連キャラクターの商品が飛込んでくる。子どもはもちろん、商品をほしがります。親も体験を共有したばかりだから、子どもの気持ちがわかる。大人だってほしくなってしまう。

こうして商品を購入します。そして、その商品に「楽しかったね」という思い出を込めて、お土産として持ち帰ることができるのです。

しかも、家に帰ってからも、それを見て「あのときは、楽しかった」というわくわく感や喜びが、絵本を読むように思い出されます。

つまり、**ストーリーが封印されたタイムカプセルになっている**。これが、ディズニーの仕掛ける、**「物語消費」**というおもてなしです。そのストーリーの続きが見たくなって、再びディズニーランドを訪れる。物販による高収益体質は、お土産によってリピーターを作り出す仕掛けにもなっているのです。

しかし、そこからは不思議と買わせたいというあざとさを感じません。

なぜなら、楽しかったストーリーの続きは、かならず読みたくなるという心の動きにそった仕組みだからです。ディズニーはそこまで考えている。

そして、喜ぶゲストの姿を見て、キャストは気づかいの大切さに気づいていく。**お客様に、ディズニーのストーリーを味わっていただくために徹底した仕組みを作り、感動させる。**これが洋の気づかいの本質です。

まとめ

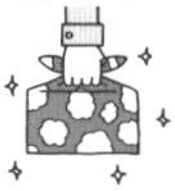

人を喜ばせる「仕組み」を作ることがディズニーの気づかい。人の心を動かすのは、モノそのものではなく、そこに込められたストーリーである。

習慣 15

気がきく人は、
相手の「安全」を考える

気がきかない人は、
相手の「安全」に無頓着

2度のディズニー修行で見えてきたこと

私は学生時代から、サービスの最前線といわれるウォルト・ディズニー・ワールド・リゾートで、世界中の人を楽しませるノウハウを学びたいと考えていました。

しかし、どうすれば道が開けるのかわからず、ディズニーワールドと提携している三越に入社したのです。そこから2度にわたって、ディズニーの世界を体験しました。

1度目はディズニーワールドで開講する**「フェローシッププログラム」**への参加です。三越からディズニーユニバーシティと呼ばれるこの研修プログラムへの参加メンバーに選ばれるのは、1回に11名。1万2000人の社員の中から、メンバー入りするのは簡単なことではありません。

私の場合、社内試験を5回受験し、入社5年目にやっと合格して、フロリダに渡りました。それから1年間、世界11か国から集まった人たちと共同生活をしながら、ディズニー流のマネジメント術を学びました。

研修の内容は実地体験あり、議論ありというもので、私にとって人生のターニングポイントとなった日々でもあります。

アメリカは異文化が混在する国ですから、サービスがシステム化されていました。**ディズニーワールドでは、お客様にサービスを提供する仕組みはもちろん、従業員のモチベーションを高く保つ構造がしっかりと確立されており、型を徹底的に磨き上げていく姿勢に驚かされました。**

フェローシップを終えて帰国した後も、私はフロリダで過ごした夢のような日々が忘れられず、また渡米できるようにと三越で懸命に働きました。その思いが通じたのか、16年後に2度目のチャンスがめぐってきます。

今度はフロリダにある**ディズニーワールド・エピコットセンター・ジャパンパビリオンに副支配人**として赴任することになったのです。

そこには三越の海外支店・オーランド三越が運営に協力しているアトラクションがありました。それはエピコットセンターというテーマパークの中にある「ワールドショーケース」というアトラクション。たとえるなら、万国博覧会のようなもので、**日本、イギリス、フランス、モロッコなど世界11か国の街並みや名所、食べ物などが疑似体験できるアトラクションです。**

私は、ワールドショーケースのジャパンパビリオンのディレクター（オーランド三越の副支配人）として指名を受け、ショップやレストランの運営と約２５０人の人材育成を担当。世界中の人におもてなしができる最高のポジションで、お客様だけでなく社内にも目を向け、誰もが気持ちよく働ける職場やチームワークが発揮できる環境づくりを目指しました。

日本人の気づかいは世界一！

しかし、そこで、私は自分の求めていた「青い鳥」が、最初から日本にあったことに気づいたのです。たとえば、アメリカではお客様がしてほしいことをはっきりと示し、従業員がサービスを提供することでチップをもらいます。それに対して日本では、従業員はお客様の隠れたニーズを汲み取り、さりげない気づかいでもてなします。報酬としてチップをもらうことはありません。

これが世界中の人を驚かせ、まねることができないと感じさせる和の気づかいです。

私はジャパンパビリオンでもディズニーという枠を守りながら、日本流のおもてなしをすることにこだわっていました。

ゲストの皆さんに団扇《うちわ》のお土産をお渡ししたことがあります。**お名前を聞き、「マイケル」ならば「舞蹴」などと漢字の当て字で名前を書き、プレゼントするわけです。**受け取ったゲストは笑顔になり、ジャパンパビリオンでの和のもてなしの思い出の品として、大切に持ち帰ります。こうした日本人キャストの考え出す独特のキメの細かなサプライズは、海外のゲストに「日本のパビリオンは楽しい」と大いに評価されていました。どのパビリオンが最も良かったか、というゲストへのアンケートでは、**圧倒的に日本のパビリオンがトップ**。日本人の気づかいは、世界一なのです。

そして、こうした試みについてディズニーは寛容でした。なぜなら、**「ゲストにハピネスを届ける」**というディズニーの理念に則していたからです。

しかし、その一方で、**ディズニーはサービスの品質について非常に厳しい組織でもあります。**パーク内を専門の係員がウォークスルーという形でつねにチェックし、**「安全性」**をはじめとした「SCSE」という基準（P149参照）を満たしているかどうかを判断しています。

ジャパンパビリオンでは、ラムネが商品チェックに引っかかりました。**「ビー玉が子どもののどに詰まると危険だ」**という趣旨でした。「このビー玉は外に出ないようになっている」と何度説明しても、ディズニーは「このビー玉は危ない」「ガラス瓶が割れたら怪我する」と指摘してきたのです。結局、ラムネは一度、全部撤去することになりました。

しかし、日本の夏を感じてもらうため、諦められなかった私たちは、**ガラス瓶をプラスチック製に替え、ディズニーに何度も実験してもらい、ビー玉が落ちないということを実証**。再び館内で販売を始めると、大ヒットし、ラムネはジャパンパビリオンの名物として復活したのです。

一連のやりとりから感じたのは、ディズニーの理念と技術と仕組みのすばらしさでした。ゲストが喜ぶように徹底的に仕組みを作る。そして、その仕組みの最上位には、ゲストの「安全」をもってくる。安全だから、楽しくて、幸せな気分になる。一度来た人は、「また来たい」と思うに決まっています。

まとめ

効率ばかりを追うのではなく、つねに相手の「安全」を考える。

習慣
16

気がきく人は、
ハピネスを与える

気がきかない人は、
ハピネスを要求する

ギブ・ハピネス！

ディズニーの企業理念は、**「Give Happiness（ギブ・ハピネス）」**にあります。すべてのゲストに幸せを提供すること。ウォルト・ディズニーは、本気で世界中の人に幸せを届けたいと考えた人でした。

そこで、ディズニーランドに採用された人は社員もアルバイトも全員が、**「ようこそディズニー・ファミリーへ」**という理念研修を受けます。教わるのは「ギブ・ハピネス」について。じつに1日半に渡る研修でウォルトの考え、ディズニーランドの歴史などを学んでいきます。これは、私の行ったディズニーユニバーシティでの研修でも変わりません。

ウォルトは、働く人たち一人ひとりがつねにゲストへギブ・ハピネスを提供する使命を忘れないことを求めました。

ゲストには物語の主人公として、辛いことも悲しいことも忘れて、とにかくディズニーでの1日を楽しんでいただきたい。

ディズニーの中で仕事をしてみて痛感したのは、**「ギブ・ハピネス」という目的のため**

に設備設計、キャスト教育、組織作りなど、あらゆる仕組みが科学的に整えられていることでした。

これは最初から物語を伝え、ゲストを主人公とした舞台で、キャストは演技していると も言えます。何もない空間から始まる料亭のもてなしとは対極にある洋のおもてなし。装置があり、仕組みがあり、仕掛けが前もって用意してある。ゼロから環境を作っていく和の気づかいとは、決定的に違うところです。

いかにわくわくさせて楽しませるかの物語を練り上げ、安全な舞台装置というしつらえを完璧に整えて、ゲストを夢の世界へと誘っていくのです。

たとえば、ディズニーには**「エピソードブック」**というものがあって、ミッキーやドナルドダッグをはじめ、それぞれのキャラクターに詳細なストーリーが設定されています。ディズニーに詳しくない人が見れば、違いのよくわからないグーフィーとプルート。どちらも犬のキャラクターですが、グーフィーはミッキーの友だちなので言葉を話すことができます。一方、プルートはミッキーの飼い犬なので言葉を話せません。

そして、ディズニーランドにいるプルートの首輪には、「If found, please return to

MICKEY MOUSE」（見つけたら、ミッキーまで返してね）と書かれています。

こうした細部へのこだわりと遊び心が、来場者の心をつかみ、飽きさせない気づかいとなっているのです。

人を楽しませるのはストーリーです。このストーリーがベースにあるからこそ、ディズニーは細部まで演出が完璧なのです。

「喜ばせる仕組み」を作ったディズニーのすごさとは

ディズニーではゲストが楽しむ空間をオンステージ、キャストのいる舞台裏をバックステージと呼んでいます。オンステージは非日常のおもてなし空間であり、キャストたちは一歩でもそこに足を踏み入れたら、気づかいのプロに徹しなければいけません。

仮に出勤前に夫婦げんかをしていようと、バックステージで他のキャストとギクシャクしたとしても、非日常の世界に入る以上、日常は切り離してしまうのです。

なぜ、日常を切り離し、ゲストをもてなすことができるのか。

答えはストーリーの共有にあります。ディズニーで働く人は、ディズニーユニバーシティという研修部門で、オリエンテーションプログラムを受けます。これは誰もが受けなければいけないプログラムで、単なる説明会ではありません。

オリエンテーションプログラムはディズニーの歴史を学ぶところから始まります。

そこで上映されるのは、新しいものが大好きだったウォルト・ディズニーの生涯を描いた『One man's dream』。このフィルムは、1923年におじさんから借りたガレージで始めたウォルト・ディズニー・プロダクションズの歴史にそって、つねに新しいことに挑戦していったウォルトの精神を描いていきます。

一般的な新人研修は、マナーやテクニック、規則などから入りますが、**ディズニーではギブ・ハピネスを中心にキャスト全員が守るべきストーリーを理解するところに重きが置かれているのです。**新人たちは、そこでキャストがゲストと出会い、ハピネスを提供するというのはどういうことか、映像を軸にしたプログラムを受け、ディズニーランドの伝統の一部を体験するのです。

ディズニーではゲストを楽しませる仕掛けを綿密に作りあげる一方で、働くキャストたちに引き継いでいくべきストーリーを教えていきます。その結果、キャスト全員が同じ体験、文化を共有し、ひとつの大きな家族のように結束を高めているのです。

もし、東京ディズニーランドのアルバイトに「あなたの役割は何ですか?」と尋ねたとすれば、**「ゲストに心から楽しんでもらい、幸せになってもらうことです」**と答えることでしょう。これはフロリダのディズニー本社の研修マニュアルでも、最初に出てくる重要なキーフレーズなのです。

彼らはオンステージでおもてなしをすることが普段から身についているから、すぐに切り替わることができる。その背景には、**笑顔で機敏に振る舞えば、お客様も笑顔になるという成功体験**があります。だから、実践できる。言い換えれば、喜ばせ、笑顔にさせるという成功体験のないままでは、人をもてなすこともできないのです。

あなたが誰かに会うときは、ディズニーのキャストのように、相手を笑顔で気づかう姿勢をイメージしてみてください。ギブ・ハピネスを実践すれば、お互いが笑顔になれることでしょう。

まとめ

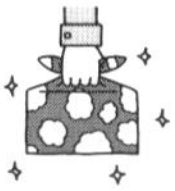

日常生活で何があろうと、目の前のお客様にハピネスを提供するプロであれ!

習慣 17

気がきく人は、
マニュアルにとらわれない

気がきかない人は、
マニュアルを守り過ぎる

ディズニーが重視する4つの基準「SCSE」とは

ディズニーのキャストはいつもゲストを見つめています。それはキャストの一番の楽しみがゲストの笑顔だからです。ディズニーで働いているキャストは、ゲストの笑顔がそのまま喜びとして感じられる人。OJT（企業内教育）によって、そういう教育を施していく。ただし、それはマニュアルではありません。世間ではディズニー＝優れたマニュアルととらえられがちですが、本当の強みはストーリーを共有することで生まれる共鳴する心にあるのです。

たとえば、ディズニーの有名な行動基準に「SCSE」というものがあります。

・Safety（安全）…安心できる場所、やすらぎを感じる空間を作り出すために、ゲストにとっても、キャストにとっても安全を最優先すること。

・Courtesy（礼儀正しさ）…「すべてのゲストがVIP」との理念に基づき、言葉づかいや対応が丁寧なことはもちろん、相手の立場に立った、親しみやすく、心を込めたおもてなしをすること。

・Show（ショー）…キャストは身だしなみや立ち居振る舞い、施設の点検、清掃など、あらゆる行動をショーの一部と考え、**「毎日が初演」**の気持ちを忘れずにゲストをお迎えすること。

・Efficiency（効率）…経営効率ではなく、ゲストにハピネスを提供することを最優先に考え、効率を高めること。

この4つのキーワードは、その並び順がそのまま優先順位となっています。

一見、いかにもマニュアル然としていますが、そこに込められているのは**ゲストに対する気づかい**です。なぜなら、**おもてなしの根底にあるのは心から安心できる環境**であり、それを実現するために「SCSE」という行動基準があるわけです。

そして、このSCSEは、そのまま私たちの人間関係にも生かせるものです。

たとえば、**誰かを迎えるとき。安心して話のできる場所を指定することはSafety（安全）であり、相手を待たせることなく準備を整えておくことがCourtesy（礼儀正しさ）です。そして、相手に心から楽しんでもらえる仕掛けを施すことはShow（ショー）であり、スムーズなオーガナイズで会合を仕切るのはEfficiency（効率）となります。**

ディズニーの清掃を担当するカストーディアルが、水で地面にミッキーを描くサプライズは、誰かが「やろう！」と言い出したものではありません。マニュアルに記載されたサービスでもありません。ゲストにハピネスを届けたいと考えた無名の誰かが始め、それが組織の中で共有されて、広まった。ＳＣＳＥという行動基準に反しなければ、自分の知恵、気づかいで新しいことを始めてもかまわない。そんな懐の深さもディズニーの魅力です。

そして、カストーディアルがミッキーを描くことでゲストが幸せを感じるなら、そのアイデアを広めていく。その結果、企業としてのもてなしも向上し、ゲストにさらなるハピネスを届けることができるのです。

このディズニーのやり方は、あらゆる組織で活用することができます。

「お客様を喜ばせるあのサービスを考えたのは、自分です！」となれば、アルバイトであろうと、契約社員であろうと、正社員だろうと関係なく、働くことに誇りを感じます。これは金銭的な報酬とは別の、働く人への気づかいとなるのです。

まとめ

相手を迎えるときは、ディズニーのＳＣＳＥの行動基準を実践する。

習慣

18

気がきく人は、

他人の気づかいを発見できる

気がきかない人は、

他人の気づかいに気づかない

「気づかい」を発見し合う

出身地も経歴も人種もさまざまなディズニーのキャストたちは、なぜ、そこまで高い意識で仕事に取り組むことができるのか。その秘密は、キャスト同士が相手を気づかい、絆を深める仕組みにあります。そのひとつが、**「スピリット・アワード」**。ひと言で言えば、これはキャスト同士が褒め合う仕組みです。

一般的な社内の表彰制度は、上司が部下を「よくやったね」と褒め、対象者を表彰台に乗せます。しかし、**ディズニーでは、キャストがお互いを褒め合って、一番、褒められた数が多い人が代表として表彰台に乗るのです。**

偉い人が上から目線で評価するのではなく、横のつながりの中にいるキャスト同士がお互いのいい点を評価し合う。身近で働いているキャストは、誰がゲストのために本当のもてなしをしているのかを知っていますから、上司に媚びを売るようなタイプは真っ先に評価の対象外になっていきます。

誰も見ていないときでも、つねにゲストのハピネスのために働く人、仲間の幸せのために動く人が評価されるべきで、そういう人を見分けることができるのは身近にいる仲間だけです。

投票の仕組みは、キャスト一人ひとりが、スピリット・アワードの投票用紙に自分の思うナンバーワンのキャストの名前と、その人のいいところを書いて投票するというもの。投票用紙は複写式になっていて、1枚目には書いた本人の名前が出ますが、2枚目は匿名です。そして、投票された人には投票用紙の2枚目が手渡されます。

こうすることで、仮にスピリット・アワードの優勝者にならなくとも、本人の仕事ぶりを認めている仲間がいることは伝わっていきます。

この仕組みは、どの職場でもすぐに取り入れることのできる従業員への気づかいです。営業成績など、数字に出る成果ではなく、職場の環境を改善してくれるような取り組みに対して、誰が力を発揮していたかを投票してもらうのです。

いわば、**「気づかいの発見ごっこ」をすることです。**

そして、その結果について上長が責任を持って発表し、全員で称えていく。副賞にスターバックスのコーヒーが飲めるプリペイドカードなどを付けてもいいでしょう。ほんの数百円の賞品だとしても、表彰された本人のモチベーションはぐんと上がります。

きちんと周囲を「気づかった人」を表彰する。こうして、職場の人たちにも、「縁の下

の力持ち」的な気づかいの大切さが伝わっていくはずです。

上司が部下をもてなす仕組み

もうひとつの評価の仕組みが、**「ファイブスター・カード」**です。

こちらは、マネージャーやスーパーバイザー以上の社員が、キャストをもてなす仕組みになっています。

たとえば、私がワールドショーケースの副支配人だったとき、ゲストに対してすばらしい気づかいをしているキャストを見かけたら、対応が終わるまで見届けた後、**「君のこういうところがよかったよ」**とファイブスター・カードを手渡すわけです。

そのカードには、「あなたのすばらしさを称賛します。これからもたくさんのゲストにハピネスをプレゼントしてください」というメッセージとともに、当日の日付、私の名前、部門名、ＩＤ番号などが書いてあり、受け取ったキャストはバックステージのブレイキングエリアで「ファイブスター・カードをもらいました」と申告します。

ファイブスター・カードを手渡すのは、直属の上司でなくてもかまいません。その場を通りかかったマネージャーやスーパーバイザーであれば、誰でもいい。**重要なのは、あなたを見ているよ、という気持ちです。**

あなたの行為をみんなが見ていると伝えてあげることで、働く人のモチベーションが上がっていく。部下が上司の顔色をうかがうのではなく、上司が部下の働きを見つめることが組織における気づかいの仕組みとなるのです。

キャストにとって、「自分の仕事を見てくれている人がいる」という安心感は、大きなモチベーションとなります。心理学者のアブラハム・マズローの欲求5段階説でもおなじみですが、人が何に喜びを覚えるかといえば、**自分のことを意識してもらったとき**です。

ふとしたときに自分のことを考えてくれる人がいる。それに気づいたとき、喜びを覚えるのです。あなたも家族や友人から誕生日を祝ってもらったとき、温かな気持ちになったことがあるはずです。

私がスタッフの仕事に感謝を示したいとき、ディズニーや三越で実践していたのはミッキーのキャンディとメッセージカードのプレゼントでした。ちょっとしたしつらえですが、カードとキャンディを机の中にストックしておくだけで、ささやかな想定外の演出になります。**人に気づかい、褒められる。それがうれしくて、さらに気づかいに磨きがかかって**

いくわけです。


　スピリット・アワードとファイブスター・カード。この2つの仕組みに共通しているのは、**誰かが自分の行動を見てくれているという手応え**です。同僚であれ、上司であれ、近くの仲間が日常のパフォーマンスを評価してくれるのは、想像以上にうれしいもの。

　ディズニーのすごいところは、アナハイムに最初のディズニーランドがオープンする前から心理学の専門家を招聘《しょうへい》し、こうした仕組みを作り上げていったことにあります。

　最初は人工的なしつらえだったものが、今や完全に根付き、ディズニーランドのおもてなしとして広がっている。**それでも東京ディズニーランドのもてなしが最もすばらしいと評価されているのは、やはり、日本人の中には人工的に植え付けずとも気づかいの心が宿っているからでしょう。**

　これは日本とアメリカの両方のおもてなしを見てきた私が強く実感していることです。

まとめ

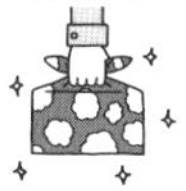

仲間同士が褒め合う仕組みを作ろう。上司は部下をもてなす意識を持とう。「見ているよ、ありがとう」と伝えることが大切。

習慣

19

気がきく人は、
当たり前のことを徹底的にやる

気がきかない人は、
何ごとも中途半端に終わる

洋のもてなしを学ぶことの意味とは

和と洋のもてなし、両方を見てきた私は、それぞれを学ぶことの意味についてこんなふうに考えています。

まず、**〝和の気づかい〟を学ぶことは、あなた自身を変えてくれます。**

人間そのものの深み。やさしさ。

組織から離れたときの力強さ。

そういったものを鍛えてくれるのです。

一方、**仕組みを作りあげる〝洋のもてなし〟を学ぶことは、あなたの仕事ぶりを変えてくれます。**

私たちはディズニーランドに遊びに行くとき、「楽しむぞ」という気持ちになります。

それはディズニーランドにはすばらしいキャストがいて、わくわくするアトラクションがあり、美しいパレードを見せてくれることを知っているからです。

どんなおもてなしが待っているか。想像しながら遊びに行き、そこで想像の上を行くもてなしを受けることで、大いに感動するわけです。

あなたも、ディズニーに学び、どうすれば大切な人、お客様、仲間を喜ばせる仕組みが作れるか、考えてみることです。

同じ部署で同じように仕事をしているのに、評価される人とそうでもない人。その差は案外、些細なところにあります。

しかし、些細だからこそ、気づかない人は気づかないまま、力が認められるチャンスを逃してしまう。私がディズニーで感じ取った最大の発見は、**「ディズニーランドは特別なことを一切していない」**ということでした。

その代わり、**ディズニーは当たり前のことを徹底的にやり抜きます。ゲストを喜ばせ、喜ばせたキャストをほかのキャストが賞賛する。あちらこちらに気づかいの輪ができあがります。**

和の気づかいがプライベートも含めたあなた自身の人生を豊かに変えるものだとするなら、洋のもてなしを学ぶことは仕事におけるあなたの力を伸ばしてくれることでしょう。

厳島《いつくしま》神社の鳥居と法隆寺の五重塔

私が副支配人として働いていたディズニーランドのワールドショーケースには、日本館、アメリカ館、ノルウェー館、カナダ館、中国館、モロッコ館など、11か国のパビリオンがあり、それぞれの国の文化を発信していました。

たとえば、モロッコ館では、モロッコの食べ物や商品が売られ、モロッコのエンターテインメントを体験することができ、接客するのはモロッコ人。

ワールドショーケースを歩くだけで、世界旅行を疑似体験できるセクションだったわけです。

ジャパンパビリオンもディズニーの徹底的なこだわりが詰まったパビリオンでした。

厳島神社の鳥居があり、法隆寺の五重塔がそびえ、偕楽園の庭園とともに、白鷺城が立っている。そこだけ見れば、フロリダにいるとは信じられない風景です。

しかも、建物はすべて日本の宮大工を呼んで造らせたもの。まさにリトルジャパンという空間がしつらえられ、私たちはその中で日本を売っていました。

レストランでは寿司を出し、物販ではブリキのおもちゃや手ぬぐいなどを販売し、太鼓の演奏やお茶会などのイベントを仕掛け、日本流の気づかいでゲストを迎えていたのです。ベースにディズニーの行動基準はあるものの、ジャパンパビリオンに来れば、一度も日本に触れたことのない人でも、リアルな和のおもてなしに接することができました。

ディズニーが徹底研究した日本の気づかい

副支配人の私の仕事は、現場のレストラン部門、エンターテインメント部門、マーチャンダイジング部門、サービス部門、人材育成部門という5つの部門の統括責任者。約250人の部下とともに、日本流の気づかいを実践していました。

たとえば、**レストランでゲストをお待たせする場合、ジャパンパビリオンではお子さんが退屈しないように鶴の折り紙を折ってプレゼントしていました。**

お子さんとご家族はキャストから折り紙の折り方を教わりながら、待ち時間を有意義に過ごすことができるわけです。

そういう気づかいのセンスは、他の国のパビリオンにはないものでした。

ディズニーらしいもてなしはするものの、それ以上は追求しない。

その点、**日本人は見返りを求めない気づかいを自然と行うことができます。**

これがとても評判になって、ディズニー本社、ウォルト・ディズニー・カンパニーのワールドショーケースのサービスをチェックする部門のトップが、頻繁にジャパンパビリオンを研究しにやって来ました。

ワールドショーケース内のサービスチェックでは、ずっとジャパンパビリオンが一番でした。私が日本のおもてなしのすばらしさを強く主張できるのは、この裏付けがあるからです。

想像でお話ししているわけではなく、世界一のエンターテインメントを発信するディズニーで、日本のおもてなしが通用することを自分自身が体験してきた。だからこそ、気づかいの力を信じられるのです。

まとめ

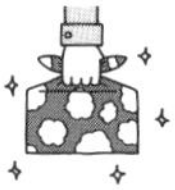

「そんなところまで!」という細部へのこだわりが、相手の心をつかみ、飽きさせない気づかいとなっていく。

習慣 20

気がきく人は、
笑顔で、想像力があり、喜ばせ好き

気がきかない人は、
ムスッとして、想像力がなく、自分本意

人を喜ばせる人になる3つの条件

私はワールドショーケースのジャパンパビリオンの副支配人時代、キャストの面接官もしていました。そのとき、採用の判断基準にしていたポイントが3つあります。それは学歴でも前職でもありません。

1 笑顔が素敵か
2 想像力があるか
3 人を楽しませるのが好きか

の3つの条件でした。この3つを備えている人は、人を喜ばせる力を持っています。

ひとつ目の**「笑顔が素敵か」**。これは気づかい、おもてなしの基本となるものです。

おもてなしを行う人で、笑顔ではない人はいません。ムスッとした表情の人が何をしても、気持ちがいいもてなしを受けたと思う人はいません。なぜなら、**私たちの脳は視覚効果の影響を強く受ける**からです。「いらっしゃいませ」と言われたとき、私たちは耳で歓迎の言葉を聞きながら、無意識のうちに目で相手を確認します。

そのとき、店員さんが笑顔でなければ、どんなに愛想のいい声であっても、歓迎されていない印象が残ります。聴覚情報よりも視覚情報が強い。これは変えようのない感覚です。ですから、おもてなしには笑顔が不可欠。もちろん、言葉づかいや声掛けのタイミングも大事ですが、いくら言葉を整えてもお客様は声を発した相手の顔を見ています。

そこで、私は面接ではかならず、**話している間に自然な笑顔が出るかどうか**、を見ていました。ずっと表情が暗いままの人は、残念ながら雇えません。

私たちの目は、営業用の張り付いたような笑顔を簡単に見抜いてしまいます。どんなに仕組みを整えても、自然な笑顔が出るかどうかを変えていくのは難しいのです。

2つ目は、**「想像力があるか」**。相手側から物事を見る力と言い換えてもいいでしょう。そう、本書でも再三お話ししている**「相手視点」の力**です。相手のことを考えていく想像力のアンテナがないと、お客様がどうしたいかを慮《おもんぱか》ることはできません。

そして、3つ目は**「人を楽しませるのが好きか」**。人生も仕事も、「よろこばせごっこ」です。人のお世話をするのが好きな人でないと、ディズニーでの仕事は務まりません。

この3つはどの仕事にも通じる、人を気づかう力の根本となります。気づかいによって相手が笑顔になり、楽しんでいただき、その表情を見て自分も楽しみ、満足するのです。ディズニーには、型から入ることで誰もがおもてなしをすることの喜びを体感できる仕組みがあります。だからこそ、アルバイトのキャストでも、ゲストの想像を超えたディズニー・マジックを生み出すことができるのです。

これは仕組みによって、和のもてなしの達人と同じ結果をもたらすことを可能にしているとも言えるでしょう。

「与えることは最高の喜びなのだ。他人に喜びを運ぶ人は、それによって自分自身の喜びと満足を得る」というウォルト・ディズニーの言葉は、ディズニーの仕組みとして現代に伝わっているのです。

まとめ

気がきく人は、笑顔があり、想像力を持ち、人を楽しませることが大好き。

第四幕

「気がきく人」実践編

～もしも、あなたが○○だったら……～

「作法というのは、突き詰めて考えれば、他人への気づかいだ。具体的な細かい作法をいくら知っていても、本当の意味で、他人を気づかう気持ちがなければ、何の意味もない。その反対に、作法なんかよく知らなくても、ちゃんと人を気づかうことができれば、大きく作法を外すことはない。駄目な奴は、この気づかいがまったくできていない。人の気持ちを考えて行動するという発想を、最初から持っていないのだ」

――北野武

もしも、あなたが○○だったら……

第一幕から第三幕まで、私たちは、

- **和の気づかい（料亭）**
- **商人の気づかい（三越）**
- **洋の気づかい（ディズニー）**

について学んできました。

しかし、まだまだ大きな問題があります。

それは感じ取った思いをいかに表現するかです。

あなたが周囲から「気がきく人」と評価してもらうためには、気づき、気を配り、実際に行動しなくてはなりません。

第四幕

「気がきく人」
実践編

この第四幕では、

「もしも、あなたが◯◯だったら……」

という仮定のもと、ビジネスやプライベートでの具体的なシーンを思い浮かべながら、気づかいの実践についてアドバイスさせていただきます。

もしも、「歓迎会の幹事」になったら……。
もしも、「接待」を任されたら……。
もしも、「営業マン」だったら……。
もしも、「リーダー」を任されたら……。
もしも、「コンビニの客」だったら……。

こんなシーンで、あなたはどんな「気がきく人」になれるでしょうか？

それでは第四幕、始めます。

実践編

1

もしも、あなたが「歓迎会の幹事」になったら

まず、「主役は誰か」を考える

仕事をしていると業種にかかわらず、誰もが一度は経験することになるのが、幹事役です。忘年会、新年会、慰労会、謝恩会。催しの規模や種類によって責任の重さは変わってきますが、自ら買って出るタイプの方以外は、うまくいくだろうか……と思い悩むもの。特に職場での催しであなたが幹事に抜擢されたとすると、上司にその振る舞いや段取りをチェックされることになります。


では、幹事が取り組むべき気づかいとはどのようなものでしょうか。

たとえば、**職場に新入社員や中途採用の社員が入ってきて、部内や課内で歓迎会を行うことになったとしましょう。**そこで、あなたが幹事役になったとします。

まず、最初に考えるべきことは**「この会の主役は誰か」**を見極めることです。

誰が主役なのか。会を企画した人でもなく、もてなす側の上司でもなく、もちろん幹事でもありません。

主役は、いつでも接待される側です。

「主役を盛り上げる」という視点で、すべてのしつらえを行っていかなければなりません。そうしたしつらえのプロフェッショナルが、第三幕で紹介したディズニー。ゲストにハピネスを届けるというビジョンの徹底によって、ディズニーランドはいつも最高のショーを届ける状態がキープされています。

もちろん、彼らのレベルまで周到な準備を進めるのは容易なことではありませんが、私たちもつねに「主役は接待される側」ということを心に留めておきましょう。**上司の顔色をうかがうのは二の次です。**

新入社員歓迎会での主役は、そう、**新しく入ってきた社員たち**です。この主役を中心にして、参加者の全員がどうすれば楽しめるかを考えていきます。

主役を喜ばせるプランを立てる

主役の顔を思い浮かべたら、次に考えるのは**「どうしたら主役が喜んでくれるか」**です。主役である新入社員の立場から見れば、すでに関係性のできあがったグループの中に入ってくるわけです。

特に新卒採用の若者は、つい先日まで学生生活を送っていた人がほとんど。社会人になるということで、緊張しているのは容易に想像がつきます。

ですから、まずは、**場の輪の中に入りやすい雰囲気を作る**ことが重要です。

これから皆さんが入ってくるチームは、どんな雰囲気で、どういう人たちがいて、それぞれはどのようなことを考えているのか。そんなことが座を楽しみながら伝わっていくような場にできれば、歓迎会は成功でしょう。

最初は名前と顔も一致しません。話しづらさも感じるでしょう。

そこで、具体的な仕掛けをするのです。

各社員の名前を書いたカードを全員の席に用意し、各自が新入社員に対して、自己紹介ではなく、「他己紹介」を行います。

たとえば、○○課長のことを入社2年目の○○さんが紹介し、入社2年目の○○さんのことを先輩社員の○○さんが紹介する。

杓子定規になりがちな自己紹介だけで済ませるのではなく、チーム内の誰かが、別の誰かを他己紹介していくのです。

すると、**意外な話もでてきやすくなり、他己紹介に対する本人や周囲のツッコミや反応によって、チームの雰囲気がどのようなものかも伝わりやすくなるはずです。**

ポイントは、**主役が何を知りたいかに寄り添うこと。**自己紹介は、名前と役職を語って終わりといった場合も多く、場の空気もゆるみにくいもの。その点、他己紹介は笑えるエピソードやユーモアを交えたものになりやすく、主役である新入社員も楽しみながら部や課の空気を知ることができるのです。

また、他己紹介されている側も**「自分はこんなふうに見られているのか」**と知ることができ、チームの結束を高める効果も期待できます。

店は居酒屋でOK。かならず個室を

歓迎会は会社の行事のひとつではありますが、くだけた雰囲気で楽しみたいもの。社風にも配慮すべきですが、基本的にはこざっぱりした**居酒屋**で問題ありません。

会場となるお店は、**個室を選べる**ところがいいでしょう。周囲がうるさいと、先輩たちの声が主役に聞こえず、ストレスをかけたり、恐縮させたりしてしまいます。

料理の種類も幅広く、**「参加者全員の好き嫌いをすべて補うことはできませんが、メニューの豊富な店を選びました」**と伝えれば、会場が居酒屋である理由もはっきりしていいでしょう。

ただし、**取り分ける必要のある料理が多いのは避けるべきです。**

主役である新入社員は、取り分ける役回りができないことに心苦しさを感じますし、周りから何度も取り分けてもらうのも疲れるもの。事前にお店で小分けにしてもらえるよう手配するべきです。

あるいは、「今日は歓迎会だから、俺たちがやるからいいよ」とあらかじめ、断っておくのもいいでしょう。いずれにしろ幹事は、社歴が最も浅い新入社員たちが気をつかわずに、チームのメンバーと打ち解けられる状況を第一に考えて振る舞うことです。

そして、幹事がそういう采配を振るっていれば、上司や同僚たちも会の目的に気づくはずです。

もし、**酒癖の悪いタイプの先輩がいるようなら、上司に目を配ってもらえるよう事前に伝えておくことも必要かもしれません。**

乾杯は上司に、締めはみんなで一本締めに

乾杯の音頭は、部長や課長などに取ってもらうのがいいでしょう。

しかし、人には得手不得手がありますから、その上司が話のうまい人かどうかに気を配ることも大切です。**不得手な上司なら、無理に頼むと負担になりますから幹事が口火を切りましょう。**

「そういうのはいいよ」と言いながらもまんざらでもない人もいますから、ここは日頃の観察眼が問われるところでもあります。

一方、**宴席の締めくくりの挨拶を上司にお願いするのは、あまり感心できません。**なぜなら、お酒を楽しみ、リラックスした後に、主役たちに再び緊張感を強いることになるからです。緊張感は職場で出せばいいのです。このメリハリが大切です。

ここは幹事が「最後は新入社員たちへの応援を込めて、全員で締めましょう」と音頭を取り、**一本締めで締めくくる**くらいがちょうどいい。ざわざわとしたまま散会するよりも場がぐっと引き締まります。

参加者全員で締めることによって歓迎会の意味を再確認することもできます。

まとめ

- まず、「主役は誰か」を考える。
- 主役を喜ばせるプランを立てる。
- 店は居酒屋でOK。かならず個室を。
- 乾杯は上司に、締めはみんなで一本締めに。

実践編

2

もしも、あなたが「接待」を任されたら

接待の七か条を実践せよ

先ほどの歓迎会にくらべて、接待はさらに重要な席です。接待する側とされる側が明確で、接待する幹事の側は、相手を喜ばせ、結果的にビジネスにプラスの効果をもたらさなければなりません。

相手にストレスをかけず、気持ちよく、喜ばせるためには、接待の七か条を頭に入れてください。

一　日時は相手の都合を優先する

接待の日時の調整をするときには、かならず相手の都合を優先させること。

二　1か月前には連絡する

急な誘いは迷惑になるので、予定している1か月前には連絡をし、準備を進める。

三　店選びは相手の好み、交通手段を考える

接待場所を決める際は、相手の年齢や性格、食事やお酒の嗜好、喫煙の有無、交通手段などを勘案して選ぶようにすること。

四　上司にいい店がないか聞いてみる

上司が常日頃、接待などで利用するお店があれば参考にすること。

五　かならず下見せよ

初めての店で行うときはもちろん、どんな場合も事前に下見をすることが大切です。「個室」と言っても部屋の大小などいろいろあります。また、万が一にそなえて、駅からの道案内ができるように準備したり、店に料理の様子を確認したりしておきます。

六　相手を立てる

ホスト役に徹して、相手を立て、丁寧な姿勢を崩さず対応すること。酒、料理の進み具合を見ながら、つねに気づかいを怠らないこと。テーブルの上に、ひと言書いたお迎えカードを、さりげなく置いておくのもよい。

七　仕事の話をしない

付き合いや取引を有利に進めたいというビジネス上の目的があっても、相手に気持ちよく過ごしてもらうため、接待中は仕事の話を控えること。

最も大切なのは「食べ物」である

さらに、気づかいという視点で見た場合、最も大切なのは食べ物です。

接待のうまさは、**いかにおいしい食事を楽しんでいただくかに集約されます。**その前後にどんな気配りをしたとしても、肝心の料理が今ひとつであれば、すべて台無しになってしまうからです。

起こりがちな失敗は、ついついこちらのいいところを見せようと高級店や名物料理の店を接待の場所に選ぶケース。

もし、看板料理や名物料理に接待の相手が食べられない食材が含まれていたら、目も当てられません。

三越時代、私の同僚が取引先を接待した際、有名な中華料理店にご案内しました。名物のエビ料理を次々と注文したところ、先方の部長はまったく箸を付けず、同行していた若手がせっせと食べ、不思議に思ったそうです。

後日、こっそりと若手社員に連絡を取ると、接待の主役だった部長は甲殻類のアレルギーで、エビやカニが一切食べられない体質だったことがわかりました。

こうしたアレルギーの問題もありますから、接待する側は事前に、

「苦手なものや、お嫌いなものはございますか？」

とかならず確認することが必要です。

これは失礼なことでもマナー違反でもありません。接待の主役の前に食べられないものを出してしまうほうが、よほど問題です。

相手の好みを事前に調べたうえで、接待当日、相手の好きな料理をすっと目の前に運べ

ば、「なんて気のきく人なんだ」と感動されることでしょう。

相手を喜ばせるためには、事前のリサーチや準備が大切なのです。

まとめ

- 日時は相手の都合を優先する。
- 1か月前には連絡する。
- 店選びは相手の好み、交通手段を考える。
- 上司にいい店がないか聞いてみる。
- かならず下見せよ。
- 相手を立てる。
- 仕事の話をしない。
- 料理選びが大切。事前にリサーチを。

実践編

3

もしも、あなたが「営業マン」だったら

靴下をたくさん買いなさい

お客様との商談の席で行うべき気づかいはいくつもあります。

たとえば、お客様の自宅を訪問するような営業マンならば、まず気をつけたいのは「**靴下**」です。特に、男性は気を配りたいところ。できれば、**カバンの中に訪問先の数だけ、履き替え用の靴下を準備しておきましょう。**

そして、いつも直前に履き替えて、洗いたての靴下でお客様のお宅に上がるのです。これもひとつの**しつらえ**です。

お客様の家に上がるというのは、それほど気を配り、襟を正さなければならないことだと自分に再確認させるのです。

スーツやシャツ、靴に関しては、自分の快不快ではなく、相手が見て印象の良いものを選ぶこと。

営業にとって第一印象で相手に与えるイメージはとても重要です。できれば素材の安さが見えてしまうような品物ではなく、自己投資としてある程度のスーツをしつらえておきたいものです。

小さな鏡を持ち歩き、訪問直前に、髪を整えたり、笑顔をチェックしたりしてみる。これを習慣にすることで、心が整います。

1回目の訪問では、商品を勧めない

気づかいのできる営業マンは、**情報という手土産**を用意するものです。

事前にリサーチできるのであれば、お客様が今、興味を持っていることについて有益な情報を持って行くこと。あるいは、奥様やお子様がどういうものに興味をお持ちか、調べられた範囲で情報をお届けるのが、商談前のおもてなしとなります。

とはいえ、こちらから話し過ぎるのはいただけません。**10の会話があったとしたら、こちらからの話は1か2で十分。大切なのは、いかに聴くかです。**

人はリラックスして話すことができると承認欲求が満たされ、おもてなしを受けたという気持ちになります。ですから、9聴いて、1返すくらいの気持ちで、なおかつ気のきいた1を返せればすばらしいでしょう。

相手が趣味の話をされたなら、「私もこういう経験がありまして、共感しました」と返すと、お互いの距離が近づいていきます。

それでも1回目の訪問、1度目の商談などで、商品の話をする必要はありません。**お客様の情報をストックするための場と考え、耳をかたむけ、想像力を膨らませましょう。**

家族構成は？　趣味は？　週末は何をして過ごす？　ペットは？

こうしたことをただ聴き出すだけ。こちらの売りたい商品のことなど語らなくていいのです。

意図を持った質問をしていくことで、何度かお会いするうち、その人に合った商品が見いだせるはずです。1回目は徹底的に聴いて、「すごくためになりました。いいお話をありがとうございます」「よろしかったら、もう一度、お会いしてご提案させていただければ」と伝えます。

すると、

「あの人は商品の話は一切しなかったな」

「こっちの話を聞いて、勉強になりましたと言ってニコニコして帰っていった」
「気持ちいい人だったな。また話してみようか」

と、感じてもらえるはずです。**お客様の懐に入り、余韻を残し、お別れして、また会いたいと思っていただければ最高です。**

一拍置いて、心を整える

こちらの提案したいプラン、売りたい商品を提示して、「こちらはいかがでしょう?」と切り出してしまう……。これは、お客様の側から見るという「相手視点」を持てない営業マンが犯しがちな失敗です。

普段は気をつけている人も、ノルマに追われる中で、ついついいきなりパンフレットを出すような営業をしてしまうのです。ノルマに追われて、焦っているのでしょう。

こうした失敗を避けるためには、**「一拍置く」**ことです。

靴下を履き替えることもそう。商談の前に自分なりの一拍置く儀式を用意して、心を整えるのです。

料亭のお座敷の出入口には**「隠れ障子」**というものがあります。

隠れ障子は芸者さんがお座敷に入る前、最後に身だしなみを整えるためのしつらえ。お客様の視線を遮るように作られた障子の影にすっと入り、髪や襟元の乱れを直し、お座敷に出ていくのです。


じつは、ディズニーランドのバックステージからオンステージに向かう通路にも同じしつらえがあります。

この通路は、互い違いのS字型。これはオンステージからバックステージが見えないようにという工夫です。

そして、**オンステージへの出入口には鏡が設置されています。**

これは「身だしなみは大丈夫ですか?」「表情はどうですか?」というキャストへのメッセージ。キャストは、その鏡の前に立ち、自分の服装に乱れがないか、ディズニースマイルを浮かべることはできているかをチェックするのです。

ここから先はゲストにハピネスを提供するオンステージである、と。そんなふうに自分のなすべき目的を確認する。まさに一拍置くための場となっているのです。

これは営業や接客の仕事でも同じです。

ここから先は、お客様の前に出るのだ、と。たとえ、プライベートで嫌なことがあったとしても、心を整えて出て行かなければいけません。**料亭の隠れ障子、ディズニーランドの鏡のような何かを自分なりに見つけることが大切です。**

歯を磨くのでも、深呼吸でも、肩を大きく回すのでもいい。重要なのは、「これからお客様中心に考える」と自分の心に伝えることです。おもてなしは、非日常の世界ですから、ひと呼吸置き、心を整え、ステージに出るようにしましょう。

すると、物事がよく見えるようになります。

そういう意味では、時間ギリギリに現場へ向かうような仕事の仕方はすぐに改めるべきです。**アポイントの時間の最低でも10分前には到着し、ゆとりを持って、準備をすること。**心を整えるとは、日常を切るための行為。非日常の世界に入り、お客様を第一に考えるのです。

信長をうならせた、利休の粋なはからいとは

営業の仕事の締めくくりは、始末をすることです。

1回目の商談では、仕事の話をしないで帰るのが、始末の仕方。

なぜ、そうするかと言えば、余韻を残すためです。

あの人は仕事で来たはずなのに、私の話を楽しそうに聴いて帰ったな、と。お客様にそう思ってもらえれば、「どうせ何かを売りに来たのだろう」という予想に反して、想像を超えた接し方ができたと言えます。

そして、1回目の訪問でお客様のことをよく観察する。部屋の雰囲気、調度品、言葉の端々から伝わってくる好き嫌い、そうした要素からお客様の趣味趣向をつかみ、次回は深く調べ、勉強し、お会いする。すると、**「私の好みが、なんでわかるの？」**という驚きにつながります。

想像を超えると言えば、映画『利休にたずねよ』でこんなシーンがありました。

若き日の利休が、天下布武《てんかふぶ》を掲げ、飛ぶ鳥を落とす勢いの織田信長を訪ねるシーンです。

信長の居城には異人も含め、各地から献上品を持った人々が集まっています。その場で信長が「おもしろい」と思ったら、世間での献上品の価値とは関係なく、法外な褒美が出るという場面でした。価値を決めるのは信長で、いかにもお宝という品物には見向きもしません。

利休は日が暮れ始めたころになってようやく信長城へやってきます。待ち構えていた門番が「遅いじゃないか」となじると、利休は「まだちょっと早いくらいです」と答え、皆のいる天守閣に上がっていきます。

利休の手にあるのは、地味なお重ひとつ。周囲の人々は、粗末な献上品を見て「なんだあれは」と嘲りの笑みを浮かべています。

そんな中、利休は堂々とした立ち振る舞いで天守閣の襖《ふすま》をすっと開き、お重の蓋を取ると、水を注ぎ込みました。

そして、縁側にお重を置き、信長に中を見るよう促しました。

すると次の瞬間、信長は、手元の金すべてを利休に与えたのです。

唖然とする人々が、信長の下がった後、お重をのぞき込むと、内側の飾り絵の上に月が映り込んでいました。お重の中に広がる美。その想定外の美しさ。そして、月が浮かぶ時間を見計らった利休の仕事に対して、信長は多大な褒美を与えたのです。

営業マンは商品を売るな

これは偶然の出来事ではなく、利休が信長という稀代の英雄をいかに観察していたかを示しています。

もてなすためにはどんな要素が必要か。お客様として見たとき、信長が何を喜びとするのか。相手の言動を丁寧に読み取り、求められているものを最高のタイミングで提供する。

心の機微を知り尽くしているからこそできる、気づかいです。

利休は信長からの褒美を周囲に見せびらかすでもなく、自ら謎解きをするでもなく、信長へ黙礼し、静かに城を後にします。

ここまで整った振る舞いはそうそうできるものではありませんが、私たちも接客や営業の締めくくりには、お客様への感謝を示したいものです。たとえば、

「私にとって、とても学びの大きい時間でした」
「満たされた時間を過ごさせていただきました」

とお客様に伝え、余韻を残す。これは単なるお世辞ではなく、心からの感謝の気持ちでないといけません。

「売らなくては、売らなくては……」と急《せ》いていると、相手を気づかった言葉や、感謝の言葉は出てきません。

営業マンだからこそ、売るという目的を忘れることが大切なのです。

お客様と向き合ったときは、相手のことを思うだけでいい。相手を知り、何を望まれているかを分析し、求めに応じていけば、商品は自然と売れていきます。

第四幕

「気がきく人」実践編

まとめ

- 訪問時のしつらえが大切。「靴下」をたくさん買いなさい。
- 1回目の訪問では、商品を勧めない。話すのではなく、聴きなさい。
- 10分ほど前に到着し、一拍置いて、心を整える。
- 相手の好みを知って、想像を超えよ！
- 営業マンは商品を売るな。お客様と向き合え。

実践編

4

もしも、あなたが「リーダー」を任されたら

第四幕

「気がきく人」
実践編

「ホウレンソウ」の勘違い

これはとある講演の場で聞いたエピソードです。

順番を前後して登壇された別の講演者さんと楽屋で話していると、その方は最近、現場に付き添うようになった部下が優秀で助かっているというエピソードを教えてくださいました。

これまで何人もマネージャー的な仕事を担う部下がいたそうですが、最近、担当者となった部下の女性のコピーの取り方に驚かされたというのです。

ある日の講演会の後、彼は来場者の感想の書かれたアンケート用紙のコピーを部下の女性に頼みました。アンケートの最初の項目は、今日の講演が良かったかどうかを聞くもので、**AからEまで5段階評価で答える**ようになっています。

彼は部下から受け取ったアンケート用紙のコピーを帰りの車中、確認していたそうです。A評価がずっと続き、「今日はうまくいったんだな」と喜んでいると、次に少しだけB評価があり、最後にほんの数枚C評価のアンケートが出てきました。

部下の女性は講演会を終え、会場を出るまでのわずかな時間で上司が見やすいようにコピーした用紙の順番を**「評価順」**に入れ替え、整理していたのです。

「コピーの取り方にも一流から三流まであるのだなと思ったんですね」と。そう話す講演者さんを前に私は、**「日常の気づかいが行える部下に出会えたのは幸せなことですね」**とお伝えしました。

そして、これは言葉にはしませんでしたが、**部下の気づかいに気づける上司**でいることもすばらしいと思ったのです。

内輪でのこうした気づかいが日常化されていると、大舞台に出たときにも自然と振る舞うことができます。社内でできていれば、社外でもできる。言い換えれば、社内で日常的にできていないことは、社外ではできない。いざというときだけ取り繕おうとしても、メッキは剝がれてしまうのです。

では、リーダーがどのように振る舞うと、部下との間に自然な気づかいの生まれる関係を作ることができるのでしょうか。

ポイントは、上司が気づくことです。

たとえば、「報連相《ホウレンソウ》」を題材に考えてみましょう。日本の企業では古くから報告、連絡、

第四幕

「気がきく人」実践編

相談の「報連相」研修が盛んです。しかし、現場からは、新入社員が配属されてしばらくすると、「新人が報連相しない」「うちの若手は、報連相が遅い」「こちらから聞けば答えるが、自分からは報連相してこない」という声が聞こえてきます。

とはいえ、今、そうぼやいている上司や先輩もまた、若手時代には「困ったものだ」と言われていたはずです。なぜ、研修までしながら報連相の文化はうまく定着しないのでしょうか。

それは多くの企業で当たり前と考えられている報連相に、大きな誤解があるからです。

従来の報連相は、**部下から上司に対して行うもの**だと考えられています。多くの上司は、部下から報告が上がってきて初めて問題に気づき、対処しようとする。

しかし、**この下から上への報連相は、組織の中に縦社会を作っていくだけです。**

仕事をするたび、報告、連絡、相談をしなければならない若手や部下は、徐々に上司の顔色をうかがって動くようになります。

先程のコピーの取り方で言えば、上司が「アンケート用紙は評価順に並び替えてくれ」と指示しなければ部下が動かない。そんな関係が作られていってしまうのです。これでは会社や組織の発展につながりません。

その点、**ディズニーでは報連相が、上から下へと伝わっていく仕組み**になっていました。上司が部下を気づかい、現場の最前線に立っているキャストが働きやすい環境を作るために報連相が使われているのです。

「お疲れさま」とアンパンの効果とは

一般的な報連相であれば、「わからないことがあるときは部下から相談しなさい」となります。しかし、ディズニーでは現場のリーダーたちが、上からの報告、連絡、相談を嚙《か》み砕き、経験からくるアドバイスを添えて、キャストに伝えていくのです。

たとえば、本日の予想来場者数が6万人という連絡があったとき、ピーク時のパーク内はどういう状況になるのか。そのとき、受け持っているエリアではどんなことが予測されるのか。そこで発生するであろうハプニングについて、リーダーたちが事前に多くを伝えていきます。

なぜなら、最前線で働いているキャストが一番困るのは、**「何をしたらいいのかわからない」**という状況になることだからです。パニックに陥ってから上司に「困りました！」

と報連相していたら、とても多くのゲストにハピネスを届けることなどできません。

つまり、**リーダーが自分たちのお客様のことを考えているからこそ、部下を気づかうことができるのです。**そして、**部下は日頃から気づかってもらっているからこそ、上司に対しても気づかいを返そうと思うようになるのです。**

これは三越でも同じでした。

私が新人時代、三辺さんという上司がいました。催事の前など、私たちが職場に残って残業していると、三辺さんはいったん外出してすぐに戻り、**「みんな、お疲れさま」と言って、夜食のアンパンを置いていってくれるのです。**

この気づかいだけで、私たちはがんばろうとやる気を出し、三辺さんを支えようと思ったものです。重要なのは、**「俺は君たちのがんばりに気づいているよ」**というメッセージを伝えること。

現場にこういう気づかいのできるリーダーがいれば、組織は円滑に動いていきます。

「気づくこと」と「褒めること」

あなたがリーダーになったとき、部下だった時代の気持ちとして忘れずにいてほしいのは「気づくこと」と「褒めること」です。

特に、**数字での結果が出にくいバックエンドの仕事をしている人たちの働きに気づくことができるかどうかは、リーダーとしての評価を大きく左右します。**

たとえば、**経理に出す出張の精算伝票**。会社の売上には直接、貢献しない仕事ですが、経理の担当者にとっては、それをスムーズに処理することも大事な仕事です。

ところが、営業成績の優秀なリーダーほど、売上に直結しない仕事を雑用だと考え、経理に「早く出してください」と言われると、**「経理がうるさい……」**などとぼやきがちです。

でも、そういう姿勢は周囲の部下にかならず見られています。そのリーダーがどんなにいい成績をあげても、社内での評判は上がりません。なぜなら、**バックエンドにいる人たちの働きへの敬意に欠ける**からです。むしろ、「あの人は仕事が雑だから」という評判が広がっていく。

そうならないためには、会社を支える仕事をしている人たちの貢献に気づき、褒めることです。

ある方からこんな話を聞きました。

彼の働く事務所のホワイトボードはペンやホワイトボード消しを置くスペースが小さく、しょっちゅう物が落ちてしまう作りになっていました。社員は業務に追われ、落ちたペンを拾おうともしない人もいるほど。ところが、ある日を境にピタリと物が落ちなくなったと言うのです。

その理由は、最近、入った事務のアルバイトの女性にありました。**彼女は入った翌日にホワイトボードの前に物がよく落ちていることに気づき、次の日の出社前に１００円ショップによって、材料を買い、受け皿を広くしてくれたのです。**

それに気づいた彼女の上司が「買ってきてくれたの？」と聞くと、**「皆さんが物をよく落とされるのを見ていたもので」**と答えたそうです。

なんて気がきく女性なのでしょう。本当にささやかなものかもしれません。いい子が来たな……で終わっても仕方ないところですが、**彼の上司はその日の終礼でアルバイトの女性をスタッフの前で大いに褒めたそうです。**

おもてなしマインドを持った気づかい型リーダーシップ

この話を聴いて、私はその会社は伸びるなと思いました。

というのも、**事務所で地道な仕事をしている人こそ、組織のしつらえを支えているからです。**もしも、私がリーダーだったら月に1回、彼女のような働きを見せてくれた人を**「今月の◯◯の達人」**という形で表彰するようにします。

副賞は500円のクオカードやスターバックスのコーヒーを買えるプリペイドカードで十分。金額ではなく、みんなの前で「気づいているよ」「よくやってくれたね」と伝えることが、スタッフのモチベーションを大きく引き上げるのです。

これはディズニーの「スピリット・アワード」(P153参照)と同じ仕組み。経費もかけず、すぐに始めることのできるリーダーから部下への気づかいです。

このように、おもてなしマインドを持った気づかい型リーダーシップを発揮することができれば、組織はかならず活性化していきます。

まとめ

- 「ホウレンソウ」は上司から部下に積極的に行う。
- 「お疲れさま」のかけ声やアンパンひとつで部下はやる気になる。
- 部下の気づかいに、気づき、褒めること。
- リーダーはおもてなしマインドを持ちなさい。

実践編

5

もしも、あなたが「コンビニのお客」だったら

「愛」の反対は、「〇〇〇」

接客業の経験のある人はご存じだと思いますが、**もてなしを受ける側である、お客様もまた観察されています。**客側が店や企業の善し悪しを見定めているように、もてなす側も気づかいのあるお客様であるかどうかをさり気なく目配りしているものです。

そして、1人の客として気づかいができているかどうかは、その人の心の成熟度を示しています。

あなたはコンビニエンスストアのレジで「ありがとう」と言っているでしょうか？コンビニは近さと手軽さが大切で、店側は便利さと速さをもてなしとして提供してくれます。客側も感動するようなおもてなしは期待していないので、ついつい感謝の気持ちを忘れがちです。

しかし、素早くレジを打ち、商品を袋に入れてくれた店員さんに対しては、さり気なく「ありがとう」と感謝の言葉を伝えたいもの。照れくさいかもしれませんが、そのひと言を習慣づけると、コンビニでたくさんの笑顔に接するようになります。

実際、私はどこのコンビニに行っても「ありがとう」と伝えています。こうすると、ほとんどの店員さんがニコッと笑ってくれます。お互いに気持ちがよく、何度か言葉を交わすうち、「こんにちは」「こんばんは」と挨拶するような距離感にもなっていきます。

すると、近所のコンビニに行くことがちょっとした楽しみになるのです。毎日通う店に笑顔があるというのは、心に潤いを与えてくれます。

コンビニの店員さんに聞くと、一番嫌な客は、スマホ片手にイヤホンで音楽を聴きながら、視線も合わさず、袋をひったくるようにつかんで帰る人だそうです。

「愛の反対は、憎しみではありません。無関心です」

これはマザー・テレサの言葉ですが、まさにそのとおりです。人は、自分をモノ扱いして、関心を示さない相手に腹を立てるもの。そういう態度が、最も相手を傷つけます。

一所懸命、接客していてもまったく聞いていない。「温めますか?」と尋ねても、目も合わせない。そんな客を前にしたとき、店員さんは「何のために私はここに存在しているんだ」と腹を立て、寂しい気持ちになります。これは何もコンビニの店員さんに限った話ではありません。

こちらが丁寧に心を込めて接していると、相手は自然と笑顔で応えてくれます。気づかいが伝わり、この人は私を尊重してくれているという関係性ができあがるからです。

タクシーを降りるとき、運転手さんに「運転手さん、気をつけて」と声をかける。

飛行機を降りるとき、見送ってくれるCAさんに「ありがとう」と伝える。

飲食店を出るとき、お店の人に「ごちそうさま」と声をかける。

「気がきく人」になれるかどうかは、そんな当たり前のひと言を自分に習慣づけるところから始まるのです。素敵なお客様、気持ちのいいお客様になることが第一歩となると言ってもいいでしょう。あなたも1人の客として、店員さんのいい笑顔を引き出してください。

まとめ

お客の立場でも、店の人にきちっと感謝の気持ちを伝える。

終幕

気がきく人は、心が潤っている

「仏の教えはひと言で言えば、
自分の利益と他人の利益を一致させることである」

——空海

高野山とローマ法王と気づかい

私は年に一度、高野山に滞在します。

それは自分自身との対話の時間を持つためです。日常生活から離れ、自分のことをいったん引いて見ることで、心を潤すことができます。そして、心の潤いは気づかいにとって欠くことのできないものです。

私がそういう時間の大切さを身にしみて学んだのは、三越を辞めた後でした。

ディズニーに赴任して1年後のこと、父が倒れ、私は日本に帰国しました。

それは仕事を辞めるかどうかの選択でもありました。

フロリダに残り、三越でのキャリアを伸ばすか、父の介護を引き受けるか。自分が何を大切にしたいのかを己に問いかけた末、私は帰国することを決め、息子として親の死に水を取ることを選びました。

フロリダのディズニーから日本に戻り、仕事を止め、父を介護する日々が始まりました。

ところが、この生活の変化はとても厳しいものでした。自分で決めた道とはいえ、このままでいいのだろうかという思いを消すことができません。

しかも、悪いことは重なるもので、母も病を患い、両親の介護がずしりと私の肩にのしかかってきました。父は介護生活に入ってからも文句ばかり。怒りや恨みを抱いたこともあります。

自分の人生はいったい何なのだろう？　ディズニー、三越に残っていれば……。

介護の合間にそんなことを思ってはふさぎ込み、当時の私は軽いうつ状態になっていたのです。しかし、父が亡くなる1週間前のこと。父は私にこう言ってくれました。

「俺はいい息子と女房を持って人生において何の悔いもない。ありがとう」

この言葉を聞いたとき、自分の選択は間違っていなかった。これでよかったのだと素直に思えました。その後、母の体調は回復し、介護生活は終わりを迎えたのです。

私が師と仰ぐ高野山・無量光院の土生川《はぶかわ》正道《しょうどう》ご住職に出会ったのは、そのころでした。

高野山で父の灯明供養をしていただこうと思いつき、無量光院にお世話になったのです。

初めてご住職にお目にかかったとき、穏やかで人を包み込むような雰囲気を持った方だなと感じました。お茶会に出されたお菓子を半紙に包んで皆さんにお渡しし、大声で笑って緊張している私たちを明るい気持ちに導いてくださる、大変な気づかいの方でした。

ところが後で聞くと、そんなご住職は阿闍梨《あじゃり》という高僧で、当時のローマ法王ともご懇意にされているなど、世界中を飛び回っている方だというのです。

それほどのお方が、少しも偉ぶることもなく、ごくごく自然に皆さんや私に気づかいをされている。私も歳を重ねたとき、かくありたいと感じました。

そして、生涯の師として、人としての学びをさせていただこうと思ったのです。師と仰ぐべき方と出会えたことは本当に幸運でした。

「自分の気持ちを置いてきぼりにしないで」

高野山・無量光院は真言密教です。私はこれといった宗派を持っていません。それでも毎年、どうしてあの場所を訪れるのかというと、心を整え、潤いで満たすことができるからです。

心を潤いで満たすことは、気づかいと深くかかわってきます。

以前、病院で働く看護師さんたちの前で講演をしたことがあります。病院の医師は、みんなから無条件に尊敬されますが、看護師さんの仕事はどこかやって当たり前という評価をされます。

しかも、白衣の天使と期待され、接遇が悪いとすぐに患者さんや家族から文句を言われます。忙しくともやわらかな対応を欠かすことができず、お医者さんと患者さんの間で板挟みになると考えると、一番ストレスの溜まりやすい職業と言えるかもしれません。

そんな看護師の皆さんを元気づけてほしい、と。

その依頼を受けたとき、私が真っ先に思い出したのは無量光院の土生川正道ご住職でした。いつもにこやかなご住職と接していると、私は不思議と温かい気持ちになり、心が潤っていくのを感じます。

講演のための時間は1時間ばかりでしたが、そこで精一杯の気づかいを行うことで、看護師の皆さんに潤ってもらいたい。私はそう考えて、まずはディズニーのお話をさせてもらい、私たちの感じる喜びの本質がどこにあるかについてお伝えしました。

そして、皆さんに、何のために仕事をしているのか、そのミッションについて思い出していただいたのです。

私も三越時代に陥りがちでしたが、私たちは目の前の忙しさにとらわれ、必死になりながらも疲れてしまいます。

これは看護師さんも同じでしょう。そこで、こんなメッセージをお伝えしたのです。

「自分の気持ちを置いてきぼりにしないでくださいね」

そう言った瞬間、皆さんの表情がぱっと変わるのがわかりました。

「私たちは、患者さんのため、患者さんのためと思って自分をすり減らして、イライラしていたけれど、もっと自分のことを考えていいんだ」と。皆さんがほっと息をついた雰囲気が伝わってきたのです。

そこで、私はこうも言いました。

「病気を患っている患者さんたちは、気が病んでいる人たちです。看護師さんのお仕事は元気、患者さんたちを元の気に戻してあげることではないでしょうか」

そういう視点で自分の仕事を見つめ直していくと、患者さんが無理なことを言ってしまう心の動きも理解できるようになります。

気がきく人は、心が潤っている

私自身、お客様に対して、もっとこうしておけば違うとらえ方で目の前の仕事を見ることができたのに……と思うことがいくつもあります。でも、無駄な経験はひとつもありません。必死さにとらわれた時間も今になってみれば大事だったのだと実感しています。

皆さんに、そういうことを伝えて差し上げる。すると、「そういう見方もあるのか」と、今、思い詰めている方々の気持ちが楽になっていくのです。

真面目でぎりぎりまで自分を追い込んでいる人の目先を変えてあげること。

それが語り手としての私の仕事です。

看護師さんたちにはこう言いました。

「患者さんに一所懸命になるのはいいけれど、自分の心を潤すことも考えてください」

「皆さんの心がずっと置き去りになっています」

「皆さんが自分の心を潤すことは罪じゃありません」

これは高野山で私が学んだことでもあります。自分が楽にして、時には逃げてしまってもいい。それは罪ではないのです。

どんな人も自分の心が潤っていなければ、人を潤すことなどできません。

だから、「もっと遊んでください」「楽になってください」とお伝えすると、皆さんほっとした顔をされ、涙を流す方もいます。

じつは気づかいも同じです。いくらマナーを学んだとしても、自分が潤っていなければ本当の意味での気づかいはできません。なぜなら、気づかいは滅私奉公ではなく、自分が潤い、相手が潤うことの循環だからです。

相手の笑顔が自分の喜びに変わっていく。その本質に気づかず、マナーだから、奉仕しなければ失礼になるから、気に入られたいから、と型どおりの気づかいをしていても、心が乾いてしまいます。

ですから、いい気づかいをしていくためにも、まずは自分を潤すことです。

私にとってはその時間が高野山や看護師さんたちとのひと時にあり、ほかの誰かにとっては旅行や気の置けない仲間との会食、子どもたちとの触れ合いにあるのかもしれません。

いずれにしろ、大切なのは、慌ただしさから解き放たれ、違う角度から自分自身を見つめ直すことのできる時間を持つことです。

あなたもどんなに忙しくとも、自分を潤す時間を作ることを忘れないでください。

飛んできたゴミ袋

高野山ではこんなこともありました。

ぼんやりと瞑想しながら山道を歩いていると、向こうからスーパーのポリ袋が飛んできました。私は、すぐに「あ、拾わなければいけない」と感じました。

ゴミを拾うという意識もなく、風に舞うポリ袋を追いかけていき、手にしていました。

その瞬間、あれ？　と。これはお大師さんが、「歩きながらこの中にゴミを入れていきなさい。拾っていきなさい」と私に伝えているんだなと気づきました。それで、私に袋をくれたのだ、と。

その日から毎朝、山道を散策しながらゴミを拾っていきました。

高野山は結界の山ですから、ひどく汚されているということはありません。それでもポリ袋を手に、意識しながら歩いて行くと煙草の吸殻やお菓子の包装紙など、ちょっとしたゴミが落ちています。それまでは自然にばかり目が行っていましたが、まだまだ日常の中に見えていない学びがあるのだなと実感しました。

座禅を組み、瞑想するような修行も大事ですが、日常の中に目を向け、そこから学び取ることの大切さに改めて気づかされました。

学ぶべきこと、学ぶべき場所は、どこにでもあるのだ、と。それがひとつの発見として、私の心を潤してくれたのです。

その後は、自宅の近所を歩くときも、ゴミ袋をコートのポケットに入れるようになりました。

散歩のときにはかならずゴミを拾うようにしています。ご近所に対する気づかいであり、何より、教えてもらったことはきちんと実践していかなければ申し訳ありません。その場だけの気づきでは意味がないのです。

もちろん、街に落ちているすべてのゴミを拾うことなどできません。それでも目についたものだけは拾っていく。袋がいっぱいになり、口を閉じたとき、充実感で心が温かくな

終幕

気がきく人は、心が潤っている

るのを感じます。

心を鍛える、心を磨くというのは、そのような行いの積み重ねのような気がします。日常のちょっとしたこと。

その繰り返しによって、今まで感じられなかったことを感じられるようになり、人に対しての気づかいにつながっていく。ここまで何回も書いてきましたが、マナーや型は、それはそれで必要なものですが、気づかいとは本質的に異なるものです。

心を磨き、心を鍛えることで、私たちはその場、そのときに応じた自然な気づかいを行うことができるようになります。

何々だからやらなければならない、ではなく、私とあなたの間にある喜びのために気づくと心と体が動いているのです。

感じたままのおもてなし。それが気づかいの極意なのではないかと感じています。

もちろん、私もまだまだ未熟です。心を磨き、心を鍛え、より大きな喜びを感じるために精進していきます。

私たちの学びは、最期の時まで続くのです。

「気がきく人」の習慣

発行日　2014年5月29日　第1刷
発行日　2018年7月30日　第3刷

著者　　上田比呂志

本書プロジェクトチーム
編集統括　　柿内尚文
編集担当　　小林英史
デザイン　　井上新八
イラスト　　加納徳博
編集協力　　佐口賢作、野田雅子
校正　　柳元順子

営業統括　　丸山敏生
営業担当　　池田孝一郎
営業　　増尾友裕、熊切絵理、石井耕平、戸田友里恵、大原桂子、矢部愛、綱脇愛、川西花苗、寺内未来子、櫻井恵子、吉村寿美子、田邊曜子、矢橋寛子、大村かおり、高垣真美、高垣知子、柏原由美、菊山清佳
プロモーション　　山田美恵、浦野稚加
編集　　舘瑞恵、栗田亘、村上芳子、中村悟志、堀田孝之、大住兼正、千田真由、生越こずえ
講演・マネジメント事業　斎藤和佳、高間裕子、志水公美
メディア開発　　池田剛、中山景、辺土名悟
マネジメント　　坂下毅
発行人　　高橋克佳

発行所　株式会社アスコム

〒105-0003
東京都港区西新橋2-23-1　3東洋海事ビル
編集部　TEL：03-5425-6627
営業部　TEL：03-5425-6626　FAX：03-5425-6770

印刷・製本　株式会社廣済堂

Printed in Japan ISBN 978-4-7762-0829-7